작지만 큰 기술,
일본 소부장의 비밀

왜 지금 기술을 중시하는 일본기업에 주목하는가?

작지만 큰 기술, 일본

소부장의 비밀

정혁 지음

매일경제신문사

추천사

치장하지 않은 일본의 속살을 탐구하여, 총론 아닌 각론, 거시적 관념이 아닌 미시적 사례를 통해 뿌리 튼튼하고, 수령 높은 나무로 성장해달라는 염원을 담은 책이다. 진한 땀 냄새, 고뇌의 흔적이 원고 곳곳에 숨어 있어 한국 기업의 더 큰 성장을 원하는 저자의 절절한 외침이 들리는 듯하다. 일본의 정신, 전통, 산업사를 고찰하는 것도 바로 그래서다. 남보다 더 잘하기보다 유일함이 경쟁력이 된다는 핵심을 주의 깊은 독자는 결코 간과하지 않으리라 확신한다. 무척 까다로운 독자의 시선으로 살펴보아도 손색이 없는 지식의 깊이와 넓이, 읽는 재미와 실사구시적 유용함에 거듭 감탄한다.

서석숭 한일경제협회 부회장, 전 슬로바키아 대사

2020년 7월 일본의 수출 규제 이후, 수많은 소부장 기업들의 애로를 듣고 그 해결을 위해 밀착 지원했었다. 우수한 기술과 열정으로 일본을 극복해내겠다며 자신하던 우리 기업인, 연구자들이 떠오른다. 이 책은 일본을 넘어 새로운 부품소재의 세계적 강국으로 나아가고자 염원하는 이 땅의 모든 이에게 그 길을 보여줄 것이라 믿는다.

강명수 무역위원회 상임위원, 전 민관합동소재부품지원센터장

한 나라에 히든 챔피언, 강소기업이 많아지려면 기업·정책·사회가 어떻게 하면 되는지 중요한 시사점을 던져주는 책이다. 살아남기 위한 처절한 절박함이 기술을 중시하게 되었고, 그것이 인재를 중시하고 장기적인 시야에서 정책을 결정하는 중요한 요인이 되었다는 교훈을 주고 있다. 이미 450년 전부터 일본은 우리나라보다 앞선 기술을 확보하면서 지금까지 소재·부품·장비 분야에서 수많은 강소기업, 장수 기업을 보유하고 있다. 그들의 기술 중시 배경과 과정을 다양한 사례를 통해 논리적으로 설명하고 있어 한 문장 한 문장 밑줄을 쳐가며 읽어볼 가치가 있는 책이다.

방상원 ㈜포유스 대표이사, 전 삼성전자 일본법인장

전 세계가 점점 가깝게 연결되면서 기술과 비즈니스는 하나의 네트워크를 형성하며 복잡해지고 있다. 가깝고도 먼 이웃인 일본은 세계 소부장 시장을 독일과 함께 선도하고 있지만, 상처 난 우리의 마음은 일본을 쉬이 이해하고 가까이하지는 못하는 것 같다. 감정의 벽을 넘어 냉정함을 가지고 이 책을 읽다 보면 더 큰 성장의 길로 나아갈 수 있을 것이다.

이영기 전 포스코 재팬 사장, 전 주일한국기업연합회 회장

머리말

일본 소부장의 비밀을 파헤치며

우리나라는 GDP 기준 세계 10위의 경제 규모를 기록하고 있다. 전쟁의 폐허에서 G20이라는 글로벌 경제의 주역으로 성장한 것을 두고 세계는 찬사를 아끼지 않는다. '빌보드 200'에서 네 번이나 1위에 오른 방탄소년단 BTS, 영화 〈기생충〉으로 아카데미 작품상 등 4관왕에 오른 봉준호 감독의 쾌거에 이어, 코로나 대응 과정을 통해 우리나라의 방역 체계는 세계의 모델이 되었다. 경제뿐 아니라 문화·의료·시민 의식 등에서 일류 국가의 반열에 올라선 것에 자긍심을 느낀다.

그러나 단기간의 압축 성장으로 인한 문제점이 아직도 우리 경제의 약점으로 작용하고 있는 것 또한 사실이다. 우리의 산업은 외국에서 부품을 수입해 TV를 만들고 냉장고를 만들어 수출하는 조립 가공부터 시작했다. 기반이 취약한 우리나라는 빠른 경제 발전을 위해서 기계와 부품을 수입할 수밖에 없었다.

이런 과정에서 일본 부품소재에 대한 의존이 커졌다. 수출이 늘어나면 늘어날수록 더 많은 일본의 부품소재를 필요로 했다. 일본 정부는 2019년 7월 1일 자로 반도체 생산에 필요한 3개 품목에 대한 수출 규제를 강화한다고 발표했다. 8월에는 우리나라를 화이트 리스트 국가에서 제외했으며, 1년이 지난 지금까지도 여전히 진행형이다. 1년 동안 우리의 소부장(소재·부품·장비) 산업은 새로운 생태계를 만들며 성공해왔다. 여기서 멈추지 말고 더 전진해야 한다.

일본은 자유 무역과 개방 경제의 가장 큰 혜택을 받은 국가로, 국제무대에서 줄곧 보호주의에 반대하는 입장을 취해왔다. 수출 규제 발표 직전에 오사카에서 개최되었던 G20 정상회의에서도 아베 신조 수상은 보호주의 움직임에 반대한다고 강조했었다.

그러나 그들은 이러한 주장 및 국제적인 상식과는 정반대로 정치적인 이슈를 경제 문제와 연결시키고 말았다. 일본의 수출 규제는 자유 무역이라는 명분과 안정적인 조달처라는 신뢰를 모두 잃어버린 조치로, 일본의 국익에 결코 도움이 되지 않을 것이라 확신한다.

'위기는 기회다'라는 말이 있듯이 일본의 수출 규제는 우리 경제의 커다란 숙제였던 부품소재의 경쟁력 강화를 위한 둘도 없는 기회가 될 수 있다. 아니 더 정확하게 말하자면 일본의 수출 규제를 경쟁력을 강화하는 기회로 만들어야 한다. 이것이 선진 경제로 가는 길목에서 극복해야 할 마지막 장벽일 수 있다.

여러 노력이 필요하다. 일본과의 관계 개선을 위한 외교적 노력도 중요하고, 수입선 다변화를 통해 일본에 대한 의존을 줄여나가는 것도 서둘러야 한다. 무엇보다 핵심 부품 및 소재의 자체 역량을 갖추는 일이 가장 중요

하다. 힘이 있어야 평화가 가능하듯 역량을 축적하지 않는다면 부품소재
는 언제든 우리 경제, 우리 기업의 발목을 잡을 수 있다.

문제는 부품소재 기술이 하루아침에 만들어지지 않는다는 데 있다. 일본
도 긴 세월을 거쳐 축적한 덕분에 부품소재 강국으로 발전할 수 있었다. 뿌
리 깊은 장인 정신의 흐름이 있었고, 몇 세기에 걸친 서양 문물 도입과 과학
기술의 축적이 있었다. 세계에서 가장 많은 장수 기업을 보유한 산업 기반
이 있었고, 하나의 기술을 완성하기 위해 몇십 년을 투자한 끈기가 있었다.
일본의 부품소재 발달 과정을 이해하는 것이 우리 기업에 많은 시사점을
줄 것으로 믿는다. 우리 기업이 가지고 있는 역동적이고 창의적인 능력에
부품소재에서 보여준 일본의 강점을 접목시킬 수 있다면, 우리는 훨씬 빠
른 시기에 핵심 부품소재에서 경쟁력을 확보할 수 있을 것이다.

도쿄, 오사카, 나고야 등 KOTRA 일본 지역 무역관에서 17년을 근무하면
서 "왜 일본의 부품소재는 강한가?"라는 질문이 늘 따라다녔다. 이에 대
한 나름의 답을 제시해보고자 했다.

《작지만 큰 기술, 일본 소부장의 비밀》은 2개의 부로 구성되어 있다. 1부
에서는 일본 부품소재가 강한 이유를 사회·문화적 배경을 중심으로 살
펴보았다. 일본 통일 시기로 16세기를 중심으로 장인 정신과 장수 기업을
알아본 다음 7세기 이후 서양 문물을 받아들이는 과정에서 데지마(1636),
《해체신서》(1774), 이와쿠라 사절단(1871)을 살펴보았다. 20세기 이후 과학
기술을 중심으로 노벨상과 이화학연구소도 들여다보았다.

2부에서는 구체적인 기업 사례를 통해, 어떤 과정을 거쳐 지금의 경쟁력을
갖게 되었는지 그 과정을 고찰했다. 부품 기업, 소재 기업, 기계 장비, 글로
벌 기업 등 총 12개 기업으로 구성했다.

책 중간에는 쉬어가는 페이지로 일본과 함께 부품소재 양대 산맥의 하나인 독일의 중소기업과 히든 챔피언을 중심으로 독일 경쟁력의 원천을 분석해보고자 했다.

이 책이 발간되는 과정에서 많은 분의 도움을 받았다. 이 자리를 빌려 감사의 뜻을 표한다. 감히 책을 쓸 수 있도록 사명감과 용기를 주었던 코트라아카데미 한상곤 원장님, 출간 계획을 듣자마자 7권의 귀중한 참고 자료를 내주신 주일 한국기업연합회 양인집 회장님, 일본어 원문 자료를 보내주신 도쿄무역관 오바 아리히로大場有博 부관장님, 일본 근무 경험자들에게는 일본을 분석하고 알려야 할 의무가 있다며 격려를 해주신 〈매일경제〉 임상균 부장님께 감사 말씀드린다.

자료 감수 과정에서 전반적인 문맥까지 세심하게 의견을 주신 박칠향 선생님, 코트라 김일경 차장님께 심심한 감사의 마음을 전하고 싶다. 두 분의 감수를 거치면서 자료의 완성도가 높아짐을 느낄 수 있었다.

《작지만 큰 기술, 일본 소부장의 비밀》이라는 거창한 제목으로 출간을 하지만, 부품소재가 갖는 속성상 독자들에게 딱딱하고 재미없게 느껴질까 걱정이다. 최대한 각 기업의 성장과 혁신 과정에 초점을 맞춰 이야기로 풀기 위해 노력했다.

또한 일본의 긍정적인 면을 부각시킴으로써 편향적으로 흐르지 않을까 우려가 되기도 한다. 그러나 우리나라가 부품소재 강국이 되어 지금보다 훨씬 안정된 산업 기반을 갖게 될 미래의 모습을 그려보면서 조그마한 지식이라도 모아야 한다는 생각에 감히 용기를 내본다.

염곡동 코트라에서 정혁

차례

이 성공한 이유 | 전략적 파트너십으로 발전 | 탄소섬유와의 만남 | 언더그라운드 연구와 탄소섬유 | 우주 항공 산업을 목표로 탄소섬유 연구 | 보잉 1차 구조재 업체로 선정 | 보잉, 원료 및 제품의 미국 내 생산을 요구 | 탄소섬유 용도, 항공에서 자동차로 확산 | 열가소성 CFRP에 취약 | M&A를 통한 경쟁력 강화 | 도레이에서 탄소섬유가 꽃을 피운 이유 | 40년 간 적자 사업에 투자 | 모든 사장이 탄소섬유 투자를 지원 | 연구 개발을 중시하는 기업 풍토 | 언더그라운드 연구의 역할 | 신규 수요 발굴을 병행 | 40년 투자, 세계 시장 40% 점유

하나의 1위 품목, 산업용 로봇 | 로봇이 로봇 부품을 만드는 무인화 공장 | 화낙의 미래 모습
| 연구원 비중 30%

경이적인 영업 이익률 50% | 회사 설립 초기부터 직판 체제 도입 | 독특한 제품 개발 과정 |
세계 최초 아니면 업계 최초 | 생산은 대부분 외주 | 키엔스 영업에 없는 것 | 컨설턴트에 가
까운 영업 사원 | 해외 매출이 50% 이상

토요타는 위기를 먹고 산다 | 토요타자동직기에서 출발 | 토요다 기이치로, 승용차 생산의
꿈 | 전쟁 후의 긴축 정책, 토요타를 위기로 내몰다 | 20% 정리 해고 추진, 노조 파업 돌입 |
생산과 판매 분리 | 판매의 토요타에서 세계 최고 기업으로 | 토요다 가문 이외의 CEO | 창
업자의 퇴진과 사망, 원만한 노사 관계의 출발점 | 토요타 생산 방식, 저스트 인 타임과 자
동화 | 간판 방식과 슈퍼마켓 | 저스트 인 타임 그리고 라인 스톱 | 자동화自動化와 자동화自
働化 | 크라운, 5만 km 대장정 | 프리우스, 하이브리드의 대명사 | 토요타의 시련 | 아키오 사
장, 청문회 출석 | 토요타 재출발의 날 | 대기업병 예방 | 대변혁의 시대와 토요타의 미래

전후 기업 소니의 탄생 | 소니 최초의 제품, 테이프 리코더 | 트랜지스터라디오, 소니의 히트
상품 | 소니 브랜드를 지킨 모리타 | 회사명을 소니로 | 워크맨의 탄생 | 냉대받은 워크맨 그리
고 열광 | 베타맥스와 VHS | 시장이 기술을 이겼다 | 소니 TV의 시작, 트리니트론 | 베가 성
공과 디지털 변화에서의 좌절 | TV 명가의 굴욕 | 소니와 애플의 차이 | 리먼 쇼크와 히라이
사장의 등장 | 이미지 센서와 소니의 부활 | 소니의 부활이 가능했던 이유 | CCD 기술에서
출발한 이미지 센서 | 미세 먼지와의 전쟁 | 시장을 선점하다 | 소니의 영광, 좌절 그리고 부
활 | 삼성과 소니, 협력과 경쟁

1부

일본 소부장 기업의 세 가지 비밀

장인 정신과 장수 기업

일본은 지리적으로 우리와 가까운 나라지만 장인에 대한 사회적 대우에서 차이점이 많다. 그러한 차이는 양국의 기술 격차로 이어졌다. 일본에는 100년 이상 된 장수 기업이 3만 개가 넘는다. 그렇다면 일본은 장인을 어떻게 대우해왔는지 사회적 분위기를 먼저 살펴본다. 장수 기업이면서 첨단 기업으로 발전할 수 있었던 원동력은 무엇일까?

장인 정신의 뿌리

일본의 대표적인 역사 소설가인 시바 료타로司馬遼太郎의 《이 나라의 모습この国のかたち》에 있는 내용이다.

장인. 정말 듣기가 좋다.

일본은 세계에서도 특이할 정도로 장인을 존경하는 문화를 가지고 있다. 이웃 나라인 중국과 한국이 장인을 필요 이상으로 멸시한 것과 견주면, 일본은 중장인주의(장인 중시주의의 뜻으로 중상주의와 같은 용법) 문화라고까지 이야기하고 싶어진다.

장인 정신의 진수, 스시

스시는 가장 대표적인 일본 음식의 하나다. 2016년 기준으로 전국에 2만 여 개의 스시집이 있고 종업원은 약 20만 명에 달한다. 우동집 2만 5,000개보다는 적지만, 라면집 1만 8,000개, 야키니쿠집 1만 5,000개보다 많다고 하니 스시집이 얼마나 많은지 짐작이 갈 만하다. 전국에 산재해 있는 스시집은 각자의 독특한 맛을 자랑하기 위해 온 정성을 쏟아 손님의 미각을 사로잡으려고 한다. "밥 짓는 데 3년, 밥 쥐는 데 8년"이라는 말이 통용될 정도로 전통적인 스시집은 장인 정신의 집합체 같은 곳이다.

스시 사리를 만들기 시작할 때는 18g 또는 20g 정도를 기준으로 쥐는 연습을 반복하는데 처음에는 그램 단위의 오차이지만, 숙달이 되면 낱 알(밥 1g은 평균 쌀 22알) 단위의 오차까지 틀리지 않으려고 쥐고 또 쥐는 훈련을 반복한다.

2014년 버락 오바마 대통령이 일본을 방문했을 때, 아베 신조 총리는 스시 장인으로 유명한 오노 지로小野次郎가 운영하는 긴자의 전통 스시집 스키야바시지로数寄屋橋次郎로 초대했다.

스키야바시지로의 아베와 오바마

스키야바시지로는 좌석이 10석 정도 되는 조그마한 스시집이다. 10석을 넘어가면 요리사 한 사람이 가장 맛있을 때에 맞춰 스시를 내놓기 어렵기 때문에 유명한 스시집은 대부분 10여 석 내외의 소규모로 운영한다.

아베 수상은 오바마 대통령에게 무엇을 보여주려고 했을까? 스키야바시지로는 지하 1층에 자리 잡은 조그마한 음식점인데도 1994년에는 〈인터내셔널 해럴드 트리뷴〉이 뽑은 세계 6위의 레스토랑에 선발되었다. 2007년 일본에서 처음 출판된 《미슐랭 가이드》에서 별 3개를 획득한 이후 매년 최고 등급을 받고 있으며, 오노 지로는 스리 스타 레스토랑 최고령 요리 장인의 기록도 보유하고 있다. 아쉽게도 2020년 《미슐랭 가이드》에서는 스키야바시지로의 이름을 볼 수 없을 것 같다. 스키야바시지로가 2018년부터 단골 고객들의 예약만 받기로 하면서 미슐랭은 레스토랑 평가 대상에서 스키야바시지로를 제외하기로 했다.

1925년생인 오노 지로가 90이 넘은 나이에도 스키야바시지로에

2014년 4월 23일 스키야바시로를 방문한 오바마 대통령과 아베 수상

서 스시를 직접 만들고 있다. 40세 무렵부터는 여름에도 장갑을 끼는데, 스시 요리사에게 가장 중요한 손에 상처가 나거나 햇볕 때문에 반점이 생기는 것을 방지하기 위해서다. 미각을 보호하기 위해 커피 같은 자극적인 음료는 삼간다. 자기 직업에 최선을 다하려고 소소한 것도 지나치지 않는 장인의 모습을 엿볼 수 있다. 아들인 오노 요시카즈小野禎一도 어렸을 때부터 꿈이었던 카레이서를 접고, 지금은 세계적인 요리사가 되어 있다. 장인 정신이 어떻게 대를 이어 전수되는지 잘 보여주는 사례다.

 일본 정부도 장인에 대해 그에 합당한 예우를 하고 있다. 2005년에는 후생노동성이 오노 지로를 현대의 명인으로 표창을 했고, 2014년에는 일본 정부가 포장을 주는 등 사회적으로도 대우를 하고 있다.

장인을 존중하는 일본

일본은 장인을 존중하는 문화가 있다고 하는데 과연 어느 정도일까? 임진왜란 때 포로로 잡혀간 우리나라 도공에 대한 대우를 보면 장인을 대우하는 일본 문화의 일면을 알 수 있다.

임진왜란(1592)과 정유재란(1597)을 거치면서 우리나라의 많은 도공이 포로로 잡혀갔다. 당시 일본에서는 사무라이들 사이에서 차를 마시는 다도가 발달하고 있었다. 우리나라 도자기는 최상의 다기로 평가를 받고 있었기 때문에 일본은 작심하고 우리나라 도공들을 포로로 끌고 간 것이다.

도자기의 아버지 이삼평

포로로 끌려간 사람 중에서도 이삼평은 널리 알려져 있다. 1598년 사가번(지금의 시가현)으로 끌려간 이삼평은 아리타 지역에서 도자기를 굽는 데 적합한 고령토를 발견한 후 그곳에 자리를 잡았다. 그후 우리나라 도공들이 몰려들면서 아리타는 일본의 대표적인 도자기 산지가 된다. 아리타 도자기는 네덜란드 동인도회사를 통해 유럽까지 수출되는데 이삼평은 늘어나는 수요에 대응하기 위해 분업 생산을 했다. 즉 반죽, 성형, 소성 등의 과정을 분업화해 생산성을 대폭 향상시켰다.

이삼평의 생산 공정 혁신으로 인해 번

> **번**
> 에도 시대 1만 석 이상의 영지를 보유하고 있는 다이묘(영주)가 다스리는 자치 구역을 번, 다이묘를 번주라고 불렀다. 에도 시대에 평균적으로 250~260개의 번이 존재했다.
>
> **이삼평**
> 충청남도 공주의 금강(공주시 반포면) 출신이어서 가나가에라는 성을 하사받은 것으로 보인다. 이름은 산베에다.

재정의 절반을 도자기 판매로 벌어들일 때도 있었다. 그 공로를 인정해 번주인 나베시마 나오시게鍋島直茂는 이삼평에게 가나가에金ヶ江라는 성을 하사했다.

당시 일반 백성은 성을 사용하지 못했다. 성을 사용하고, 일본도를 휴대하는 것이 사무라이의 표시가 되었던 시기였던 것을 감안하면 이삼평을 지배 계급인 사무라이로 대우했음을 알 수 있다.

그뿐 아니라 이삼평이 죽고 나서 3년 후인 1658년에는 그를 신으로 모시는 스에야마陶山 신사를 건립했다. 지금도 스에야마 신사에서는 15대 오진応神 천황, 번주인 나베시마 나오시게, 이삼평을 제신祭神으로 모시고 있다. 아리타 도자기 300주년이 되는 1917년에는 스에야마 신사에 '도조陶組 이삼평 비'를 건립하는 등 이삼평을 일본 도자기의 아버지로 추앙하고 있다.

사쓰마의 심수관

사가번에 이삼평이 있다면 사쓰마번(지금의 가고시마현)에는 심수관이 있었다. 심수관은 포로로 잡혀온 심당길의 후손이다. 심당길이 1604년부터 제대로 된 도자기를 생산하기 시작하자 사쓰마번은 그를 사무라이로 대우했다. 한글을 사용할 수 있었고, 추석에는 우리나라를 향해 제사를 지내는 것도 가능했다. 3대 심도길에 이르러서는 사쓰마 지역 도자기 생산 책임을 맡게 되었으며, 6대 심당관부터는 번 전체의 도자기 생산 책임자가 된다.

12대인 심수관은 미국·프랑스 만국박람회에서의 수상에 이어, 1873년 오스트리아 빈 만국박람회에는 180cm의 대형 도자기를 출품하면서 국제적인 명성을 얻게 된다. 13대부터는 심수관이라는 선대의 이름을 그대로 쓰고 있으며 현재 15대에 이르고 있다.

《간양록》으로 본 일본제일 천하제일

일본과 우리나라는 장인에 대한 대우에서 차이가 적지 않다. 1597년 일본에 포로로 잡혀간 유학자 강항 선생이 포로 생활 3년간을 기록한 책《간양록看羊錄》을 들여다보면 천하제일에 대한 일본인의 인식이 잘 나타난다.

> 왜놈 풍습에 놈들은 어떠한 재주, 어떠한 물건이라도 반드시 천하제일을 내세웁니다. 천하제일이란 명수名手의 손을 거쳐 나온 것이라면 제아무리 하찮은 물건이라도 천금을 아끼지 않고 덤벼듭니다.
> 정원수를 묶는다, 벽을 칠한다, 지붕을 인다 따위도 그렇거니와 심지어 패를 찬다, 도장을 찍는다 따위에 이르기까지 천하제일을 자랑하려는 풍습이 있습니다. 천하제일이라는 명패가 붙은 것이면 금이나 은을 30~40정쯤 내던지는 것은 보통입니다.

일본인은 천하제일의 명인을 인정하고, 명인이 만드는 제품을 갖기 위해서는 돈을 아끼지 않았다.

토요다 아리쓰네豊田有恒의《세계사 속의 이와미 은산世界史の中の岩見銀山》은 어떤가.

후쿠오카의 거상인 가미야 가문에 대대로 내려오는 하카다분린博多文琳

이라는 당나라 찻잔이 있었는데 도요토미 히데요시가 탐을 내자 가미야 소탄神屋宗湛은 "일본의 반을 주면 바꾸겠다"라며 거절했다. 도요토미 사후에 후쿠오카 번주인 구로다 다다유키黑田忠之가 요구를 하자 이번에는 순순히 응한다.

그러나 찻잔 하나에 현금 2,000냥(2억 엔)과 매년 쌀 500석(2,500만 엔) 즉, 이적료+연봉이라는 일반인은 쉽게 납득하기 어려운 파격적인 가격에 거래가 이뤄진다.

오다 노부나가에서 시작한 천하제일

일본인에게 천하제일이라는 표현은 아마 실질적으로 일본을 통일한 오다 노부나가 시절부터 널리 쓰인 것으로 보인다. 일본 통일을 위해 사활을 건 전쟁을 벌이고 있는 노부나가에게 분야를 막론하고 뛰어난 기능을 보유한 인재는 매우 중요한 문제였다.

노부나가는 1573년 교토 부교奉行, 치안 유지 기관 부교쇼奉行所의 장인 무라이 사다카쓰村井貞勝에게 보낸 문서에 "천하제일의 칭호를 얻는 자는 분야를 막론하고 매우 중요하다. 그러나 이것을 결정할 때는 교토의 명인들이 의견을 모아서 결정해야 한다"고 규칙을 적어 보내기도 했다. 모든 사람이 수긍하는 룰을 정하고 그 경쟁을 통과한 최고 실력자에게 천하제일의 칭호를 부여한 것이다. 인재를 발굴하고 상공업 발달의 중요성을 꿰뚫어본 노부나가다운 발상이다.

천하제일이라는 칭호는 장인들에게 매우 매력적인 제안이었다. 그 결과 종, 솥, 다다미, 차 도구 등 여러 분야에서 훌륭한 제품들이 배출되었다. 다다미의 천하제일로 선발된 신시로 소산新四郎宗珍은 노부나가로부터 정식으로 천하제일 지정을 받고, 황실 및 노부나가의 성인 아즈치성의 다다미 교체 작업을 담당하게 되었다. 어떤 분야에서든 천하제일이 되면 부와 명예를 거머쥘 수 있는 시스템이 있은 덕분에 기능을 연마하고 또 연마하는 장인 정신이 발달할 수 있었을 것이다.

일본과 달랐던 우리나라, 우리나라와 달랐던 일본

우리나라의 사정은 어떠했을까. 임진왜란 때 수많은 포로가 일본으로 잡혀갔다. 일본학자는 2~3만, 우리 학자는 10~40만까지 추정한다는데, 귀국한 포로는 불과 6,000명 정도도. 1607년 우리나라는 포로 송환을 위해 쇄환사를 일본에 파견했는데도 귀국을 거부한 포로가 많았다.

왜 그들은 일본에 남기를 원했을까. 무엇이 그들을 먼 이국땅에 남게 했을까. 우리나라에서 도자기의 최고 경지에 도달했다면 존경받으며 살아갈 수 있었을까. 과연 역사에 이름을 남길 수 있었을까.

장영실, 노비에서 종3품 관리까지

그러나 노비 출신이면서도 과학적 능력을 인정받아 종3품의 지위까지 오른 장영실의 사례에서 우리도 신분의 귀천을 떠나 우수한 인재를 발탁하는 역사를 가지고 있었다는 사실을 알 수 있다.

장영실은 어머니가 동래현(지금의 부산광역시 동래구 일원)의 관기였기 때문에 태어나면서부터 노비 신분이었다. 어렸을 때부터 과학적 재능이 뛰어났던 장영실은 수차水車를 만들어 강물을 논으로 이

동시켜 가뭄을 극복하면서 그 이름이 더욱 알려지게 되었다. 장영실의 능력을 알아본 세종대왕은 노비 출신의 장영실을 궁중 기술자로 발탁했고, 중국에 유학까지 보내 선진 기술을 습득하게 했다. 세종대왕의 배려에 보답이라도 하듯 그는 세계 최초로 측우기를 만들었고 해시계, 물시계는 물론 천문 관측기인 간의대와 혼천의 등 뛰어난 발명품을 만들어내면서 18품계 중 6등급에 해당하는 종3품 관직인 대호군까지 승진을 거듭했다.

노비였던 장영실을 발탁했던 인재 등용이 신분 제도가 가장 철저했던 조선 시대에 그것도 궁중에서 일어났다는 것은 파격 그 자체라고 할 수 있다. 이를 통해 우리 역사에 유연한 사고방식이 작동하고 있었다는 것을 알 수 있다. 다만 전반적인 사회 분위기로 확산되지 못하고 일부에 머물러 있었다.

일본으로 건너간 최첨단 기술

우리나라에는 세계가 인정하는 기술이 많다. 도자기도 그러하거니와 제철 기술, 광석에서 은을 추출하는 연은분리법(회취법) 등은 우리나라를 통해 일본에 전래된 당시의 세계적인 최첨단 기술들이다.

아이러니하게도 이 기술들은 기술의 종주국인 우리나라에서는 제자리에 머물거나 쇠퇴해버린 반면, 일본에서는 더욱 발전해 꽃을 피우게 되었다. 그 차이가 지금 부품소재 산업의 경쟁력 차이로 나타나고 있다.

연은분리법
광석에서 은을 분리하는 연은분리법(회취법)은 1533년에 하카타의 호상 가미야 주테이가 한반도에서 초청한 게이주와 소탄이라는 기술자에 의해 일본 내에서는 처음 이와미은광에 도입되었다.

부품소재에 대한 사회적 인정 필요

우리 축구가 세계 무대에서 활약하기를 원한다면 많은 국민이 경기를 시청하고 직접 축구장에도 가는 등 응원을 해야 한다. 그것도 월드컵 때만이 아니고 평소에 지속적으로 관심을 가져야 한다. 선수들은 팬들의 관심과 응원을 받으면서 더 높은 수준으로 발전해간다.

부품소재 산업도 마찬가지가 아닐까. 부품소재 산업에 종사하는 우수한 인재들이 자부심을 가질 수 있는 사회적 분위기가 형성되고, 일시적 붐에 그치지 않고 진정으로 그들의 활약을 응원한다면 10년 후 아니 100년 후 우리 부품소재 산업은 지금과 비교되지 않을 만큼 강해져 있을 것이라 확신한다.

3만 개가 넘는 100년 장수 기업

일본의 장수 기업을 언급할 때 거의 동시에 등장하는 설명 중 하나가 '가업을 잇는 문화'일 것이다. 가업을 소중히 여기는 문화가 있어서 기업이 오랫동안 유지되고 발전해올 수 있었으며, 그 결과 장수 기업이 발전하는 토양이 되었던 것이다.

세계에서 장수 기업이 가장 많은 나라

일본의 기업 정보 전문 기업인 제국데이터뱅크에 따르면, 일본에는 설립한 지 100년 이상된 기업이 3만 3,259사에 이른다. 부동산업, 주류 제조업, 숙박업 등 지역 밀착형 비즈니스가 대부분이지만 상장기업도 532개사에 이른다. 이를테면 스미토모금속광산住友金屬鑛山(1590), 오카야강기岡谷綱機(1669), 오노약품공업小野藥品工業(1717), 인쇄업의 양대 산맥을 이루는 다이닛폰인쇄大日本印刷(1876)와 돗판인쇄凸板印刷(1900) 등을 들 수 있다.

한국은행이 2008년 발표한 〈일본 기업의 장수 요인 및 시사점〉 자료에 따르면, 창업한 지 200년 이상된 기업이 전 세계적으로 5,586개사에 달하는데 그중 일본 기업이 3,146개사로 전체의 56%에 달하고 있다. 이어서 독일 837개사, 네덜란드 222개사, 프랑스 196개사 순이다.

세계에서 가장 오래된 기업, 콩고구미

세계에서 가장 오래된 기업은 578년에 설립된 '콩고구미金剛組'라는

오사카시 텐노지구에 위치한 시텐노지 모습

일본 기업이다. 6세기 후반 불교를 적극 전파했던 쇼토쿠 태자는 오사카에 시텐노지四天王寺를 건립하면서 백제의 장인 유중광을 초빙한다. 쇼토쿠 태자의 명으로 유중광 집안이 시텐노지의 유지 보수를 맡게 되면서 유중광이 설립한 콩고구미는 장수 기업의 길을 걷게 된다. 그 후 사찰 전문 건축회사로 변신하면서 1,400년 이상 존속하는 세계에서 가장 오래된 기업의 지위를 유지하고 있다.

꼿꼿이 문화를 전수하는 이케보화도회池坊華道會(587), 세계 최고最古의 호텔로 기네스북에 등재되어 있는 게이운간慶雲館(705) 등 3위까지 모두 일본 기업이다. 10대 최고 기업 중 7개가 일본 기업인 셈이다. 세계에서 가장 오래된 레스토랑이라는

콩고구미

578년 오사카 시텐노지 건설 및 유지 보수를 위해 유중광이 설립한 회사로, 1,400년 이상의 역사를 가진 세계에서 가장 오래된 기업이다. 콩고구미가 장수할 수 있었던 이유는 다음과 같다. 첫째, 시텐노지에게서 녹봉을 받음으로써 생활이 안정적이었다. 둘째, 사찰 건설이라고 하는 틈새시장에 특화되었다. 셋째, 콩고구미를 뒷받침하는 기술자 집단 존재 등의 이유를 들 수 있다.

1990년경부터 사찰 건설에 콘크리트 공법을 도입하면서 대형 건설회사와의 경쟁이 치열해졌다. 콩고구미도 콘크리트 공법을 도입하고, 노인 홈 및 맨션 건설에 진출했다. 그러나 버블 붕괴 후 과당 경쟁으로 도산 위기에 직면한다. 2006년에는 오사카 기업 다카마쓰건설의 지원으로 위기를 넘겼다. 다카마쓰건설은 "콩고구미를 없애는 것은 오사카의 수치"라며 새로운 회사를 설립해 콩고구미의 사업을 계승하는 형태로 존속시켰다.

오스트리아의 성 피터 스티프트쿨리나리움(803), 프랑스의 파리조폐 국(864), 영국의 왕립조폐국(886)을 제외하면 모두 일본 기업이다.

일본에 장수 기업이 많은 이유

왜 일본에는 장수 기업이 많을까? 우리나라의 경우 두산, 동화약품, 신한은행, 우리은행 등 10개사 내외에 불과한 실정을 보면 그 차이 가 너무 두드러진다.

일본에 장수 기업이 많은 이유로 가장 먼저 이민족의 침략을 받 지 않았다는 역사적 요인을 들 수 있다. 일본은 내부에서 다이묘끼 리 끊임없이 전쟁을 치르면서 발전해왔다. 그러나 이 내전은 지배 계급은 바뀌지만 서민의 생활은 그대로 유지되었다.

원나라의 일본 정벌은 태풍의 도움으로 별다른 피해 없이 지나갔 다. 미국과의 전쟁에서 패한 후에도 미국은 일본의 행정 조직을 활 용한 간접 통치 방식을 택했기 때문에 일본의 재벌은 해체되어도 기업은 존속될 수 있었다.

가업 승계로 활용되는 데릴사위제도

다음 요인으로 일본의 독특한 상속 제도를 들 수 있다. 일본은 장 자 상속을 우선시하는 풍속이 있었지만, 데릴사위에게 가업을 상 속하는 경우도 많았다. 이때 데릴사위는 처가의 성을 따르고 양자 로 봉해짐으로써 명실상부한 상속인이 된다. 일본에서 양자를 들이 는 경우는 연간 8만 건 정도다. 대부분 20~30대를 양자로 들이는 데 가업 상속과 관련이 매우 높은 것으로 보인다. 장자가 가업을 이어가기 부적절한 경우나 아들이 없을 때 가업을 유지할 수 있는 제도적 장치를 마련해놓은 것이다. 데릴사위가 가업을 승계한 가장 대표적인 사례는 스즈키자동차다. 2대 스즈키 슌조鈴木俊三, 3대 스즈키 지쓰지로鈴木實治郎 사장은 물론 현 사장인 4대 스즈키 오사무鈴木修 모두 데릴사위다.

직업윤리 형성에 기여한 이시다 바이간

마지막으로 정신적 측면, 즉 직업윤리가 상당히 광범위하게 형성되어온 배경을 들 수 있다. 직업윤리와 관련해 일본에 큰 영향을 끼친 인물로는 사상가 이시다 바이간石田梅岩(1685~1744)을 들 수 있다. 당시 일본에 사농공상의 신분 차별이 존재했는데 특히 상인은 생산적 활동에 종사하지 않는다는 이유로 농공農工에 비해 차별이 심했다.

가난한 농가의 둘째 아들로 태어난 이시다 바이간은 11세 때 포목점에서 견습생 생활을 시작했다. 10대 후반에 포목점이 도산하자 일시 귀향했다가 23세에 교토의 구로야나기라는 포목점에서 견습생으로 새 출발한다. 그는 입사 20년 차인 42세에 반토番頭, 대표에 오를 정도로 성실함과 능력을 인정받았다.

상인이 도를 지키지 않으면 도둑과 같다

배움의 기회는 없었으나 이시다 바이간은 평소에 손에서 책을 놓지 않을 정도의 독서광이었다. 특히 불교와 신도 서적을 탐독했다. 43세에 재야 승려인 오쿠리 료안小栗了雲을 만나면서 자신만의 학문적 체계를 수립하고, 현역에서 물러난 후 조그만 강습소를 열어 전파하기 시작했다. '상인이 이익을 얻는 것은 무사가 녹봉을 받는 것과 같다' '상업의 본질은 교환이라는 중개업이며, 그 중요성은 다른 직분에 비해 전혀 떨어지지 않는다' '상인의 도에 맞춰 행동하면 이익을 얻는 데 어떤 부끄러움도 없다' '상인이 도를 지키지 않으면 도둑과 같다. 항상 검소, 검약해야 한다' 등의 가르침은 당시 상인 계층의 세력 확대와 맞물려 사회적 호응을 얻는다.

그의 가르침은 데지마 도안手島堤庵 등 제자들에 의해 전국적으로 전파되었고, 그의 사상을 전파하는 강습소는 180개에 달한다. 이시다 바이간과 유학자와의 대담을 엮은 책《도비문답都鄙門答》이 출간되어 그의 사상은 더 전파되었고, 그의 사상은 '석문심학石門心學'이라는 명성을 얻는다.

석문심학은 상업의 가치, 상도덕商道德을 설파하는 사상이지만 공업 분야에서는 장인 정신의 기초가 되었다. 특히 그의 주장이 학문적 범주에 머무르지 않고 상업의 발달, 제자들의 노력, 강습소 설치 등을 통해 실천적 사상으로 전파되어나감으로써 일본인의 직업윤리 형성에 엄청난 영향을 끼치게 된다. 장수 기업이 발전할 수 있는 토양이 만들어진 것이다.

일본의 장수 기업은 단지 오래된 기업만을 의미하지 않는다. 스미토모금속광산도 이차전지 양극재 원료에서 세계 시장의 60% 이상을 차지하고 있으며, 돗판인쇄와 다이닛폰인쇄는 세계 포토 마스크 시장을 장악하고 있다. 첨단 기술로 무장한 장수 기업이 부품소재 분야에서 일본의 경쟁력을 지키고 있는 기둥이라 할 수 있다.

선진 문물 도입에 적극적이었던 일본

일본은 아시아에서 가장 빠르게 서구의 선진 문물을 흡수하면서 강대국 반열에 올랐다. 일본은 기독교에 대해서는 쇄국을 추진하면서도 서양 문물을 흡수하는 창구로 데지마(1636)라는 인공섬을 만들었다. 서양과의 교류를 완전히 차단했던 우리와는 분명 다른 접근 방식이다. 최초의 서양 해부학 번역서인 《해체신서》(1774)도 데지마가 있었기에 세상에 나올 수 있었는데 이 책은 일본에 서양 문물 열풍을 불러일으킨다. 메이지유신을 거치면서 일본은 본격적으로 서양 문물을 받아들인다. 메이지유신 이후 일본이 서양 문물을 받아들이는 기폭제가 되었던 이와쿠라 사절단(1871~1873)에 대해 알아보고 약 100년 간격으로 발생한 일련의 사건을 통해 선진 문물 도입에 있어서 우리와 달랐던 일본의 접근 방법을 살펴본다.

데지마, 쇄국은 쇄국, 문물은 문물

일본의 서양 문물과의 교류는 1543년 명나
라 선박이 가고시마현의 다네가시마種子島
에 표착하고, 이 배에 타고 있던 포르투갈
상인이 조총을 전래하면서 시작된다.

> **다네가시마**
> 가고시마현 남부에 위치한
> 섬으로 1966년에는 로켓 발
> 사 기지인 다네가시마 우주
> 센터를 건립한 곳이다.

포르투갈 조총, 일본 통일의 무기

16세기의 일본은 다이묘들이 세력을 다투면서 전쟁이 빈발했다. 그
중 오다 노부나가는 조총의 위력을 알아보고 무기 체계에 조총을
적극 도입하게 된다. 그리하여 1575년 군사적 요충지인 나가시노(지
금의 아이치현 동부)성 전투에서 당시 최강으로 평가되던 다케다 가
쓰노리武田勝頼의 기마 군단을 초토화시키면서 일본 통일의 기반을
완성하기에 이른다. 이와 관련해 신상목의《학교에서 가르쳐주지 않
는 일본사》를 들여다보자.

나가시노 전투 승리의 일등 공신은 말할 것도 없이 조총이었다. 당시 조
총의 가장 큰 약점은 발사 간격이 20초 정도로 길다는 데 있었는데, 노
부나가는 3단 발사 전법을 구사했다. 보유하고 있는 조총 3,000정을
3개조로 나눠 교대로 사격함으로써 발사 간격을 6~7초로 단축시켜버
린 것이다. 1만 5,000에 달했던 다케다의 정예 기마 군단은 제대로 싸워
보지도 못하고 1만 명 이상의 군사를 잃고 대패를 하고 만다.

일본은 임진왜란이 일어나기 50여 년 전에 조총을 실제 전투에서 사용해본 실전 경험까지 축적하게 된 것이다.

서양 문물 수입에 적극적인 지배층

오다 노부나가가 서양에서 들어온 조총으로 대승을 거두자 다이묘들은 서양 문물의 힘을 절감하고, 서양 문물을 수입하는 데 적극적인 태도를 취한다. 일본을 완전히 통일하고 에도 막부를 연 도쿠가와 이에야스도 외국과의 교역에 비교적 관대한 경향을 보인다.

유럽과의 교류 초기에는 에도 막부로부터 교역 허가를 받은 포르투갈을 통해서 서양과 교역을 했다. 이때만 해도 막부(바쿠후)는 포르투갈인들을 인도에서 온 불교도로 착각했다. 그러나 교류가 늘어나면서 사농공상의 봉건적 신분 차별을 부정하는 기독교의 평등사상에 경계감을 가지게 된다.

> **막부**
> 일본의 실질적 통치자인 쇼군을 정점으로 한 군부 정권이다.

1612년에 에도 막부는 기독교에 대한 금교령을 내리는데 도쿄·교토 등 막부의 직할지에 한정한 것을 보면, 그때까지만 해도 기독교에 대한 금지는 느슨한 수준이었다.

기독교 전파 확대

그로부터 4년 후 쇄국령을 발표했는데도 규슈를 중심으로 기독교가 빠르게 전파되어 기독교로 개종한 다이묘까지 나올 정도였다. 기독교에 대한 막부의 경계심은 기독교의 확산 속도와 비례해 더욱 강해져갔다. 신상목의 《학교에서 가르쳐주지 않는 일본사》에 이 대목이 잘 드러난다.

> 설상가상으로 새로 들어온 영국·네덜란드 등 신교 국가는 구교 국가인 포르투갈이 포교 후에 일본을 정복할 의도가 있다고 막부를 자극하기도 했다. 막부로서도 개종한 규슈의 다이묘들이 경제적·군사적으로 강대해지는 것을 두려워했다.

쇄국과 서양 문물 수입을 동시에

기독교 포교 활동은 금지하면서 서양의 문물을 받아들여야 하는, 그러면서도 다이묘가 아닌 막부가 교역의 주체가 되어야 하는 서로 상반된 과제를 해결하기 위해 나온 방책이 인공섬인 데지마 건설이다.

에도 막부는 나가사키 상인 25명에게 데지마 매립을 지시한다. 약 2년간의 공사를 거쳐 1636년에 4,000평 규모의 부채 모양 인공섬이 나가사키 앞바다에 모습을 드러냈다. 공사비는 현재 가치로 4억 엔 정도, 초기 임대료는 약 1억 엔 수준이었다.

외국인들을 인공섬에 격리시킴으로써 본토에 들어오는 것을 막고 서양과의 교역을 쉽게 관리할 수 있어 막부의 독점이 가능해졌다. 쇄국령을 발표한 에도 막부에게 인공섬 건설은 절묘한 신의 한 수였던 셈이다.

포르투갈에서 네덜란드로

데지마로 포르투갈 상관을 이주시킨 다음 해, 막부가 걱정을 하고 있던 사건이 발생하고 만다. 규슈 남부의 나가사키 및 사가현에 해당하는 시마바라 지역에서 3만 7,000명이 참가한 일본 최대 규모의 반란이 일어난 것이다. 다이묘의 폭정에 견디지 못한 일반 백성들이 들고일어난 민란이었지만, 기독교인이 많은 지역이어서 종교적 색채가 강했다. 억압에 대한 민심 표출과 종교가 결합되자 반란을 진압한 후 포르투갈 선박에 대한 입항 금지를 발표하게 된다.

네덜란드 상관장 니콜라스는 스스로 함정을 이끌고 반란군에 포격을 가함으로써 네덜란드는 포르투갈과 다르다, 즉 기독교를 전파할 의도가 없고 영토에 대한 야심도 없다는 것을 증명해 보이기도 했다. 그리하여 시마바라 반란이 끝나고 난 후 막부의 무역 상대국은 포르투갈에서 네덜란드로 변경된다.

〈네덜란드 풍설서〉를 통한 해외 정보 파악

에도 막부는 해외 교역과 해외 정보를 독점하고 통제하려 했다. 이를 위해 네덜란드선이 입항하면 교역 현황 이외에 해외 사정을 보고하도록 했다. 네덜란드 상관은 바타비아(지금의 자카르타) 본부를 통해 입수한 국제 정세 동향을 번역해 〈네덜란드 풍설서風說書〉라는 정보 보고서에 담아 막부에 보고하게 된다. 당초 포르투갈 등 일본과 적대적 관계에 있는 유럽 국가의 움직임을 파악하고 선교사의 잠입 등을 방지할 목적이었으나, 네덜란드 동인도회사의 의도도 있어 광범위한 분야를 포괄하게 되었다.

카피탄(포르투갈어 Capitàn)으로 불리는 데지마 상관장商館長은 에도 막부를 방문해 장군을 알현하고 세계 정세에 대한 자문을 해야

〈네덜란드 풍설서〉

〈네덜란드 풍설서〉는 데지마의 네덜란드 상관장이 막부에 보고하는 보고서로, 도쿠가와 이에미쓰德川家光 시절인 1650년경부터 미국과 통상조약을 체결하기 직전인 1857년까지 계속되었다. 과거에는 사절단 파견, 무역 등을 통해 국제 정세를 파악했으나, 쇄국 정책을 추진함으로써 다른 통로가 막히게 되어 유일한 교역 창구인 네덜란드에 정보 보고를 의무화시킨 것으로 보인다.

네덜란드 무역선은 초봄에 계절풍을 이용해 바타비아에서 나가사키로 오고, 가을에 돌아가는 형태였다. 그래서 매년 봄 1년간의 무역 현황 및 국제 정세 변화를 보고하게 된다. 보고서는 통상적인 무역 활동과 아편전쟁 후부터 별도의 국제 정세를 추가했다.

〈네덜란드 풍설서〉에는 영국과 중국의 아편전쟁, 프랑스 2월혁명, 나폴레옹 1세의 조카인 루이 나폴레옹의 대통령 취임, 미국과 멕시코의 전쟁, 수에즈 운하 구상 등을 상세하게 기록해놓았다. 일본은 페리 총독의 일본 내항 등에 대해서도 〈네덜란드 풍설서〉를 통해 사전에 인지하고 있었다. 〈네덜란드 풍설서〉 초기에는 바타비아의 동인도 정청政廳에서 작성한 보고서를 전달하는 수준이었으나, 나중에는 싱가포르 및 중국 광둥성에서 발간한 영국 신문 뉴스를 보완함으로써 신빙성 높은 자료로 평가받게 되었다.

〈네덜란드 풍설서〉

했다. 초기에는 1년에 한 번, 나중에는 4년에 한 번으로 바뀌었는데 총 166회에 달했다. 일행은 기본적으로 상관장, 서기, 의사 등 총 3명으로 구성되었으며 여기에 일본인 수행원이 추가되었다.

220년간 서양과의 교역 창구 역할을 한 데지마

일본은 쇄국 정책을 지속하는 와중에도 미일통상조약에 의해 요코하마, 고베 등을 개방하기 전까지 약 220년간 데지마를 대외 개방 창구로 유지했다. 데지마를 통해 서양 문물을 흡수하고 필요하면 기독교 서적을 제외한 서양 서적을 금수 조치를 해제하면서까지 흡수하려는 노력을 기울였다.

일본은 쇄국 정책을 추진하면서도 외국과의 문호를 완전히 차단하지 않았다. 데지마를 통해 선진 유럽 문물을 지속적으로 유입한 덕분에 세계 정세의 흐름을 파악할 수 있었고 선진 과학 역량을 축적할 수 있었다. 메이지유신 이후 일본이 발전할 수 있었던 배경에는 데지마가 있었다고 해도 과언이 아니다.

일본, 서구 문명에 유연하게 대응하다

한편 우리나라는 일본보다 훨씬 늦은 시기에 서양과 교류한다. 일본에 조총이 전래된 1543년보다 84년이나 지난 1627년, 네덜란드인 얀 야너스 벨테브레Jan. Janse. Weltevree가 우베르케르크Ouwerkerck호를 타고 나가사키로 항해하던 중 식수를 구하려고 동료 2명과 함께 제주도 해안으로 내려왔다가 관헌에게 붙잡히게 된다. 후에 박연이라는 이름으로 귀화한 최초의 서양인이 우리나라에 발을 디딘 것이다.

인조는 박연 일행을 훈련도감에 배치해 무기 개량을 담당하게 했는데 당시 최고 수준의 성능을 자랑하던 네덜란드의 홍이포紅夷砲 제작법 및 사용법을 조선군에게 가르쳤다. 1636년 병자호란이 발생하자 그들은 전쟁에 참가했다가 박연을 제외한 둘은 전사하고 만다.

박연이 제주도에 표류하고 27년이 지난 1653년에 두 번째 네덜란드인 하멜 일행이 또 제주도 산방산 부근 해안에 표류하게 된다. 박연 일행을 훈련도감에 배치한 전례도 있었고, 병자호란 후 8년간이나 청나라에 볼모로 잡혀 있었던 원한으로 북벌을 준비하던 효종은 하멜 일행을 훈련도감에 배치하고 총기 개량을 명령했다.

그러나 우리나라는 최초의 외국인들을 전략적으로 활용하지 못했다. 총기 개량에는 성공했지만 거기까지였다. 하멜 일행이 훈련도감에 배치된 지 2년 후 1656년, 청나라 사신에게 본국으로 송환을 요청한 사실이 발각된다. 조선 조정은 그들을 강진으로 유배를 보내 버렸고, 1666년에 하멜 일행은 데지마로 탈출하는 데 성공했다.

그로부터 200년이 지난 1866년에 병인양요가 발생하고, 1871년에는 신미양요가 일어났지만 다행스럽게도 우리나라는 두 번 모두 외국 군대를 물리치는 데 성공했다. 그러나 이를 계기로 외국에 대한 빗장을 더욱 닫게 되었다.

박연과 하멜 일행이 우리나라에 표류하기 100여 년 전, 일본은 포르투갈 무역상에게서 총을 사고 서양과 교류했다. 자기들의 신분 제도와 맞지 않는 기독교를 탄압하면서도 선진 문물은 받아들

> **홍이포**
> '빨간 머리 오랑캐'라는 뜻의 홍이포는 1604년 명나라와 네덜란드의 전쟁에서 네덜란드가 사용한 대포다. 홍이포의 유효 사거리는 2.8km였으며, 청나라 군대가 남한산성을 공격할 때도 사용했다.

《하멜 표류기》와 데지마

1653년 8월, 네덜란드 동인도회사 소속의 스패로 호크Sparrow Hawk호가 제주도 연안에 좌초하면서 헨드릭 하멜은 제주 땅을 밟게 되었다. 네덜란드를 출발해 자카르타, 타이완을 거쳐 나가사키로 항해하던 중 태풍을 만나 제주도에 표착하게 된 것이다. 64명의 승조원 중 28명은 익사하고 36명의 선원이 살아남았다.

하멜 일행은 당시 지방장관이었던 제주 목사 이원진에 의해 보호되었다. 제주도에서 약 10개월 동안 억류 생활을 하다가 서울로 압송된 하멜 일행은 앞서 표류한 박연이 소속되어 있던 훈련도감에 배치되었다. 임진왜란 이후 우리나라에서도 조총에 대한 관심이 매우 높았던 시기여서 효종은 하멜 일행에게 조총 개량을 명령한다. 서양식 대포와 총포 기술을 가지고 있던 이들은 조선 정부의 호기심 대상이었다.

하멜 일행은 청나라 사신을 통해 탈출을 시도하다가 발각되어 전라남도 강진으로 유배를 가게 된다. 7년 후 강진에 흉년이 들자 일행은 여러 지방으로 분산 이송되었다. 여수로 이송된 하멜은 1666년 9월, 선원 7명과 함께 나가사키 데지마로 탈출하는 데 성공했다. 1668년 하멜 일행은 네덜란드로 돌아갔다. 그해 스패로 호크호의 서기였던 하멜이 14년간 동인도회사에서 받지 못한 임금을 받기 위해 작성한 보고서가 《하멜 표류기》다. 이 보고서는 우리나라를 유럽에 소개한 최초의 문헌이며 1668년에 네덜란드어, 영어, 독일어, 프랑스어 등으로 발간되었다.

였다. 그 총으로 우리나라를 침략했고 그때부터 받아들인 서양 문물을 기반으로 세계적인 강대국으로 성장했다. 우리와 다르게 서구 문물에 유연하게 대응한 이유는 무엇일까?

《해체신서》, 일본 최초의 서양 의학 번역서

후쿠이현 오바마시에서는 2008년 미국 대통령 선거 때 이름이 같은 연유로 '오바마를 응원하는 모임'이 결성되었다. 오바마 대통령이 일본을 방문했을 때는 오바마시가 뉴스를 타기도 했다. 그 오바마시에 1883년 설립한 스기타 겐파쿠 기념 오바마공립병원이 있다. 일본 최초의 번역서인 《해체신서解體新書》(1774)를 발간한 스기타 겐파쿠杉田玄白를 기념하기 위해서 설립된 병원이다.

영주 전담 의사, 스기타 겐파쿠

스기타 겐파쿠는 대대로 오바마번의 영주 전담 의사로 임명될 정도로 실력을 인정받은 의사 집안에서 태어났다. 아버지 스기타 호센杉田玄甫도 영주 전담 의사로 의술을 인정받고 있었으나 겐파쿠는 어머니, 큰형, 누나 등이 병으로 세상을 떠나는 것을 지켜봐야 했다. 의사이면서 가족의 병을 고치지 못하는 자신의 한계를 괴로워하며, 최소한 가족은 지켜야 한다는 일념으로 어렸을 때부터 많은 의학 서적을 읽었다. 영주 전담 의사가 된 후에도 더 많은 경험을 쌓기 위해 특별 허가를 받아 민간인 환자를 치료할 정도였다.

그러나 당시 주류를 이루고 있던 중국 의학은 음양오행과 오장육부설에 근거하고 있었다. 실제 치료는 침, 뜸, 한방약 등을 통해 이뤄졌으니 증상과 치료의 인과 관계를 명확하게 이해하기 어려웠다.

《타헬 아나토미아》를 만나기까지

그래서인지 겐파쿠는 당시 조금씩 알려지기 시작했던 서양 의학에 관심을 갖게 되었다. 그런 와중에《타헬 아나토미아Anatomische Tabellen》라는 해부학 서적을 접한다.

한편 데지마 상관장은 매년 봄 상경해 장군을 알현해야 하는 의무가 있었는데, 1771년 네덜란드 상관 일행에 외과 의사가 포함되어 있었다. 데지마 상관장 일행은 에도(지금의 도쿄)를 방문할 때 나가사키야에 머물렀는데, 그곳은 오바마번 의사인 나카가와 준안中川淳庵이 자주 약초를 사러 가는 곳이었다. 나가사키야에서 독일 의사 쿨무스의 해부도를 네덜란드어로 번역한《타헬 아나토미아》를 보고 준안은 큰 충격에 빠진다. 인간의 신체 장기가 아주 선명하게 그려져 있었기 때문이다.

《타헬 아나토미아》의 충격

당시 일본에도 의사 야마와키 도요山脇東洋가 발간한《장지蔵志》라는 일본 최초의 해부 도감이 있었지만,《타헬 아나토미아》는《장지》보다 훨씬 정확하게 인체 장기를 그려내고 있었다.《타헬 아나토미아》의 정확성에 감탄한 준안은 서양 의학에 관심이 많은 겐파쿠에게 이 해부도의 구매를 권한다. 그러나 책값이 너무 비싸 겐파쿠는 영주에게 청원을 해서 겨우 손에 넣게 된다.

그로부터 얼마 지나지 않아 기타마치 부교쇼로부터 사형수의 해부 과정을 참

《타헬 아나토미아》
독일 의사 요한 쿨무스(1689~1745)가 1722년에 저술한 해부학 서적이다.《타헬 아나토미아》는 스기타 겐파쿠의《난학사시》에 쓰인 표기다.

관해도 좋다는 승인을 받게 되었다. 당시 명 부교로 인기가 높았던 마가리부치 가게쓰구曲淵景漸가 의사들의 해부 과정 참관을 승인한 것이다. 나카가와 준안, 마에노 료타쿠前野良沢와 함께 고즈카하

고즈카하라 처형장
지금의 도쿄 아라카와구 미나미 센주에 해당한다. 1873년 서구 유럽과 동등한 인권 기준을 설치해야 하는 필요성에 따라 폐지했다.

라小塚原 처형장에서 해부 과정을 직접 참관한 겐파쿠는《타헬 아나토미아》의 정확성에 놀라움을 금치 못했다. 당시 처형장에는 죄수들의 해골이 가득했는데《타헬 아나토미아》의 인체 골격 그림과 거의 일치했다.

번역하기로 의기투합하는 3명의 의사

오장육부를 근간으로 하는 동양 의학에 회의적이었던 세 사람은 서양 해부학의 정확성을 직접 확인하면서《타헬 아나토미아》를 번역하기로 의기투합한다. 일본인 최초로 서양 서적을 번역하는 험난한 작업이 시작된 것이다.

료타쿠만 초보 수준의 네덜란드어 지식이 있을 뿐이었다. 네덜란드어 사전조차 없는데 의학적 지식과 열정만으로 해부학 서적을 번역하는 일에 세 사람이 돌입한 것이다. 그런데도 신경, 연골, 동맥 등 당시 일본에 없었던 단어는 새로 만들면서 번역 작업에 몰두했다.

그 결과 3년의 지난한 번역 과정을 거쳐 1774년 전 5권(본문 4권+그림 1권)으로 구성된《해체신서》가 탄생했다. 실제 번역에서 리더 역할을 했던 료타쿠는 번역이 불완전하다며 저자 명단에서 이름을 빼달라고 요청했다. 동료들은 마지막까지 그 고집을 꺾지 못했다.

겐파쿠도 제자 오쓰키 겐타쿠大槻玄沢, 스승인 겐파쿠玄白와 료타쿠良沢의 이름에서 한 글자씩 가져와 지음에게 오류를 바로잡아《중정 해체신서重訂解体新書》(1798)를 발간하게 한 것을 보면 번역이 불완전하다는 사실을 잘 알고 있었던 것 같다.

세 사람은《해체신서》를 출판하기 전에 막부 장군 등 주요 고관들에게 먼저 번역본을 헌상했다. 당시 일본은 쇄국 정책을 추진하고 있던 시기여서 기독교 서적으로 오해받으면 출판 금지는 물론 번역에 관여했던 사람들에게 큰 피해가 미칠 수 있었다. 이렇듯 폐쇄적인 사회 분위기 속에서 일본 최초의 서양 의학 번역서인《해체신서》가 탄생했다. 이 책은 일본 사회에 대변화를 불러일으킨다.

《해체신서》가 가져온 엄청난 변화

서양 의학이 동양 의학보다 훨씬 더 정확하다는 사실이 널리 인식되면서 서양 학문에 대한 관심은 자연 과학 및 어학 등으로 급속히 확산되었다.《해체신서》의 번역이 일본을 난학蘭學, 네덜란드에서 전래된 지식을 연구하는 학문 열풍으로 빠르게 몰고 간 것이다.

마에노 료타쿠와 스기타 겐파쿠로부터 네덜란드어와 의학을 배운 오쓰키 겐타쿠는 1778년 난학 입문서라고 할 수 있는《란가쿠 가이테이蘭学階梯》를 발간하고, 난학연구소 '시란도芝蘭堂'를 세우면서에도 난학의 중심 인물로 성장한다.

난학 열풍

난학을 접하고 연구할 수 있는 곳도 데지마라는 단일 창구에서 에

도와 지방까지 확산되어갔다.《해체신서》가 발간되고 20여 년이 지난 1796년에는 난일蘭日 사전인《하루마和解》가 발간되면서 서양 학문의 확산 속도는 더욱 빨라졌다.

숙
'주쿠'로 발음하며 사설 교육 기관이라는 뜻이다.

게이오기주쿠대학
1858년 나카쓰번(지금의 오이타현)이 후쿠자와 유키치에게 지시해 개설한 란가쿠주쿠가 기원이다. 1868년 현재의 하마마쓰초로 이전하면서 연호를 본 따서 게이오기주쿠로 변경했다. 1920년 대학령에 따라 일본 최초의 사립 종합대학인 게이오기주쿠대학으로 탄생했다.

1800년대에는 난학을 배우는 사설 교육 기관이 확산되면서 오사카대학의 전신인 데키주쿠適塾(1838), 독일 의사 프란츠 폰 지볼트가 나가사키에 세운 나루타키주쿠鳴滝塾(1824) 등이 개설되었다. 1858년에는 후쿠자와 유키치가 게이오기주쿠대학慶應義塾大学의 전신인 란가쿠주쿠蘭学塾를 도쿄 쓰키치에 개설할 정도로 난학 붐이 광범위하게 퍼져나갔다. 게이오대학 이름에 숙塾이 포함되어 있는 것도 이런 연유에 기인한 것이다.

난학 열풍은 메이지 시대 서양 문물 흡수에 중요한 토양이 되고 오늘날 일본 과학의 원동력이 되었다. 그 시작은 사전도 없는 어려운 상황에도 불구하고 외국 의학서 번역을 감행한 스기타 겐파쿠, 나카가와 준안, 마에노 료타쿠 같은 의사들의 용기가 있었기에 가능했다. 그 용기는 지식에 대한 욕구, 더 많은 환자들을 구해야 한다는 사명감에서 출발했다.

우리나라의 명과 암

비슷한 시기 우리나라의 사고방식은 어땠을까?《해체신서》가 발간되기

10년 전인 1764년 조선통신사의 수행원으로 선발되어 일본을 찾은 조선 의사 남두민은 기타야마 쇼北山彰라는 일본 의사가 《장지》의 해부 실험을 설명하자 "갈라서 아는 것은 어리석은 사람들이 하는 짓이고, 가르지 않고도 아는 것은 성인만이 할 수 있으니 미혹되지 말라"고 꾸짖었다.

신상목의 《학교에서 가르쳐주지 않는 일본사》에서 언급한 18세기의 우리나라는 실용적인 생각보다는 관념에 치우친 측면이 강한 것 같아 씁쓸함이 남는다. 그러나 우리가 서양 의학의 가치를 일찍 받아들이지 못했고, 해부 실험에 대한 평가에 인색했다고 해서 낙담할 일은 아니다. 우리에게는 《해체신서》가 나오기 150년 이상 전에 동양 의학을 집대성한 《동의보감》(1610)을 발간할 정도의 저력이 있다. 정유재란으로 잠시 중단되기는 했지만 그 어려운 시절에 14년간 총 25권의 대역사를 이뤄냈다.

이와쿠라 사절단, 메이지 정부의 선진 문물 흡수

샌프란시스코의 충격

일본이 메이지유신에 성공하고 3년쯤 지난 1871년 12월 23일, 이와쿠라 도모미岩倉具視를 단장으로 하는 사절단 107명을 태운 아메리카호가 요코하마항을 출발한다. 3주간의 항해를 거쳐 다음 해 1월 15일 샌프란시스코에 도착한다.

샌프란시스코에서 그들이 마주하게 된 것은 말 그대로 문화적 충격 그 자체였다. 우선 사절단은 미국의 기술에 압도된다. 서너 명이 들어가는 방을 통째로 들어 올린다고 표현하는 엘리베이터, 호텔의 수도꼭지, 스프링 침대 등 모든 것이 처음 보는 것들이었다. 여성에게 베푸는 신사도를 마치 하인이 하는 행동과 같다고 묘사하기도 했다. 부인의 손을 잡고 포옹하는 인사 등을 가리켜 욕망과 감정을 노골적으로 표현해서 쳐다보기 힘든 풍속이라고 위화감을 나타내기도 했다. 이와쿠라 사절단의 22개월의 일정은 이런 충격 속에서 시작되었다.

메이지 정부의 대규모 사절단

이와쿠라 사절단(1871~1873)을 면밀히 살펴보면 몇 가지 획기적인 특징들을 찾아볼 수 있다. 이와쿠라 사절단은 총 107명으로 구성되었다. 단원이 46명, 유학생이 43명, 수행원이 18명이다. 처음에는 25명 정도의 통상적인 사절단으로 계획했으나 준비하는 과정에서 대규모로 바뀌었다.

수행원 규모보다 사절단 단장과 부사가 갖는 메이지유신 정부에서의 실질적 영향력이 더 눈길을 끈다. 특명전권대사 이와쿠라 도모미는 외무부 장관으로 메이지유신을 가능하게 한 실세 중의 실세다. 부사 키도 다카요시木戶孝允와 오쿠보 도시미치大久保利通는 사이고 다카모리西鄕隆盛와 함께 메이지유신 3걸로 일컬어지는 인물들이다.

과도 정부와 이와쿠라 사절단

메이지 정부의 실권자들이 1년 이상 본국을 비우고 해외로 나갔다는 것을 생각하면 이와쿠라 사절단이 갖는 의미를 충분히 짐작할 수 있을 것이다. 일본에 남아 메이지 정부를 이끌었던 산조 사네토미三條実美 정부를 과도 정부라고 부를 정도였으니 주력이 해외로 나갔다고 해도 과언이 아니다.

이와쿠라 사절단은 해외로 나가기 전에 과도 정부와 맹약서를 체결한다. 맹약서에는 "사절단이 해외를 시찰하는 도중에는 새로운 개혁을 해서는 안 된다, 중요한 일이 있을 경우에는 반드시 사절단에 보고해야 한다"가 포함될 정도였다. 사절단의 위상을 쉽게 이해할 수 있는 대목이다.

그렇지만 과도 정부로 일본에 남아 있던 메이지 정부는 나름대로 개혁을 추진했다. 도리어 적극적으로 개혁을 추진해 사절단과 마찰을 빚을 정도였다. 당시 과도 내각은 300개 가까운 현을 72개로 통폐합했다. 삼권분립을 도입했고 가구 단위의 호적 편제 도입, 토지 세금 부과 등 상당히 획기적인 개혁을 추진했다.

에도 막부 관료의 축적된 지식 활용

이와쿠라 사절단에는 메이지유신 후의 사절단인데도 과거 정권인 에도 막부의 관료들이 다수 포함되어 있었다. 단장과 실무 관료 그룹은 메이지 정부의 인사들인 반면 책임자급 관료는 국제 경험이 풍부한 에도 막부의 서기관들이 다수 있었다. 일반적으로 혁명이라고 이야기하면 과거 정부를 완전히 부정하는 경우가 많은데, 메이지 정부에서는 과거 정부의 전문 지식을 활용하는 유연한 자세를 취한 것이다.

또 하나 사절단 구성원들이 젊은 편이다. 사절단원 46명의 평균 연령은 32세에 불과했다. 차관급인 사절단 부사였던 이토 히로부미는 31세, 야마구치 마스카山口尚芳는 33세였다. 20~30대의 젊은 인재들로 사절단을 구성해 미래를 준비한 것이다.

이와쿠라 사절단 파견의 기본 목적은 에도 시대에 맺은 불평등 조약의 개정 가능성을 타진하고 서구 문물을 시찰해 국가 발전에 필요한 제도를 도입하는 데 있었다.

12개국 방문, 외교 관례에 미숙함을 드러낸 사절단

사절단 일행은 조약 체결 국가를 중심으로 미국(8개월), 영국(4개월), 프랑스(2개월), 독일(1개월), 벨기에, 네덜란드, 러시아, 덴마크, 스웨덴, 이탈리아, 오스트리아, 스위스 등 12개국을 방문했다.

그러나 이와쿠라 사절단을 파견했던 메이지유신 초기의 일본은 국제 사회에 익숙하지 못해 미숙함을 노출했다. 조약 교섭에 필요한 위임을 받지 않았는데 사절단이 출발할 정도로 의욕만 앞서기도 했다. 천황에게서 협상 권한을 위임받았는지, 다시 말하면 협상 권한이 있는지 미국에서 확인 요청을 받은 후에야 이토 히로부미 등이 일본으로 돌아와 위임장을 받아 협상에 임할 정도였다.

이와쿠라 사절단에 대한 평가는 상반된다. 장기간의 해외 순방에도 불평등 조약을 거의 개정하지 못했다. 아니 조약 개정을 위한 예비 교섭조차 하지 못했다. 기독교를 금지하고 있는 일본 국내법으로 인해 기독교에 뿌리를 둔 서구 열강들과의 조약 개정 논의는 좀처럼 진행되지 못했다.

실제로 이와쿠라 사절단이 귀국할 즈음에는 장기간의 해외 체류에도 불구하고 성과 없이 세금만 축낸다며 많은 비판이 있었다. 그러나 사절단이 해외에서 보낸 22개월은 일본이 근대화를 추진하는 과정에서 큰 역할을 하게 된다.

미국에서의 8개월, 철도에 대한 관심

사절단은 미국에서 8개월을 체재하면서 철도의 중요성을 절감했다. 마침 일본에서 임기를 마치고 귀국길에 있었던 미국 공사 디롱Charles E. DeLong의 안내를 받아 센트럴퍼시픽철도회사를 방문했다.

이와쿠라 도모미 단장은 동서 연결 철도가 미국의 발전에 얼마나 기여했는지를 현장에서 확인하고 철도에 높은 관심을 갖게 되었다. 공무부 이사관인 히다 다메요시肥田為良에게 철도 관련 조사를 명령하고, 수행원인 야마모토 마타이치山本復一에게 히다를 보좌해 철도 플랜 작성을 지시했다. 런던 체류 중에는 〈미국 방식에 따른 철도 건설 의견서〉를 제출하기도 했다.

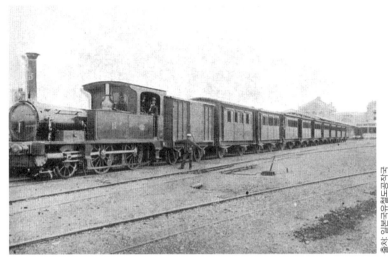

출처: 일본국유철도공작국

메이지 초기의 증기 기관차

    결국 일본은 1872년 10월 영국의 지원을 받아 도쿄 신바시와 요코하마 간 철도부터 개통했다. 그러나 영국은 당시 영국의 표준 방식이던 선로 폭 1,435mm의 표준궤를 채택하지 않고, 식민지였던 인도 등에 도입했던 1,067mm의 협궤 철도를 일본에 도입했다.

    한편 도쿄 올림픽이 개최되었던 1964년에 개통한 신칸센은 1,435mm의 표준궤를 채용했다. 최고 시속 200km에 달하는 고속 철도가 선로 폭이 좁은 협궤를 통과하는 데는 안정성 등에서 한계가 있다. 그런 연유로 일본 철도의 재래선은 협궤인 반면 신칸센은 표준궤인 2중 구조로 되어 있다. 우리나라·중국·미국·유럽 등은 표준궤, 러시아는 폭이 1,524mm인 광궤로 되어 있다. 국가별로 선로 폭이 다르면 국제 물류 협력에 장애 요인으로 작용할 수 있다.

미국 제도를 근간으로 특허법 정비

사절단은 워싱턴 체재 기간 동안 미국 특허청을 방문하게 된다. 당시 미국에서는 에디슨의 백열전구 및 축음기, 벨의 전화기, 라이트 형제의 비행기 등 시대를 변화시키는 발명품들이 쏟아지고 있었다. 이러한 모멘텀을 제공한 것은 특허를 중시하는 미국의 문화였다.

미국은 특허의 손해 배상액을 실제 손실액의 3배로 설정할 정도로 특허권을 철저하게 보호한다. 이는 미국이 모델로 했던 영국 특허법보다 더 강화된 특허 보호 조치다. 이와쿠라 사절단은 귀국 후 미국의 특허법을 근간으로 해서 특허 제도를 정비한다.

산업혁명의 발상지 영국, 53개 공장 시찰

영국을 방문한 사절단은 산업혁명의 발상지인 영국의 발전상에 놀라움을 금치 못한다. 영국은 섬나라로 당시 인구가 3,180만 명으로 일본과 비슷한 규모인데도 기계 공업에 기반을 둔 막대한 생산 능력과 식민지를 활용한 무역에서 세계를 주도하는 국가였다.

사절단은 영국의 철도 및 통신 시설은 물론이거니와 탄광, 제철, 유리, 설탕, 고무 심지어 비스킷 공장까지 총 53개의 공장을 시찰하면서 공장 경영 기법, 노동자 기술 수준, 남녀 노동자 비율 및 임금 실태 등 매우 세밀한 부분까지 조사를 하고 돌아왔다. 사절단이 시찰한 132개의 공장 중 영국에서 53개의 공장을 시찰한 것을 보면 무엇을 확인하고자 했는지 알 수 있다. 영국에서의 공장 시찰은 오쿠보 정권에서의 식산흥업 정책에 많은 영향을 끼치게 된다.

맥주 공장을 시찰한 후에 일본은 유럽에 간장을 수출할 정도로

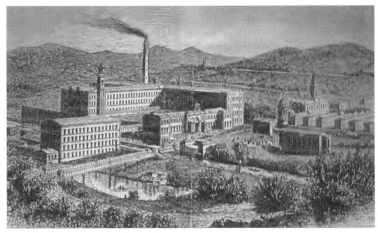

1872년 이와쿠라 사절단이 방문한 영국 솔테아 공장

높은 양조 기술을 보유하고 있으니 이를 활용하면 일본 특산물의 상품화, 국제 유통이 가능하다면서 무역의 중요성을 언급하기도 했다. 사절단 활동을 기록한 《실기實記》에 나오는 "천연의 부는 산에 있고, 인위적인 부는 바다에 있다"는 표현에서 얼마나 무역을 중시했는지 알 수 있다.

사절단은 영국의 정치 제도에 관심이 깊었다. 영국은 입헌 군주, 공화제, 귀족 정치의 절묘한 결합에 의해 작동하고 있어서 천황 제도가 있는 일본에 적용 가능할 것으로 판단하고 있었다. 귀국 직후 오쿠보는 헌법 제정에 관한 의견서에서 천황 중심의 강력한 중앙 집권을 역설하는 데 이는 영국 모델을 염두에 둔 것으로 보인다.

문명의 중심 프랑스

파리는 런던과 달리 예술과 패션의 본거지로 화려하고 섬세한 수작

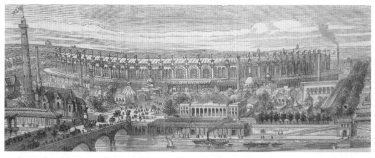

제2회 파리 만국박람회

업에 능숙하며, 높은 부가가치를 창출하는 도시로 자리 잡고 있었다. 1867년에 개최된 제2회 파리 만국박람회에는 메이지유신의 주역인 사쓰마번이 참가한 경험이 있어 친밀감을 갖고 있었다.

사절단과 직접적인 관련은 없으나 사절단이 프랑스에 입국한 1872년에 군마현 도미오카에 일본 최초로 기계식 제사 製絲 공장이 건설되었다. 이는 프랑스 기술을 도입해 설립한 공장으로 당시 세

> **제2회 파리 만국박람회**
> 일본이 최초로 참가한 박람회로 42개국이 참가했으며, 회기 중 1,500만 명이 박람회장을 방문했다. 일본에서는 에도 막부, 사쓰마번, 사가번이 참가했다.

계 최대 규모를 자랑했다. 도미오카 제사 공장은 1987년에 조업을 중단했는데 일본의 근대화 유산으로는 세계문화유산에 처음 등록(2014)되었다.

발전 단계가 비슷한 독일

당시 독일은 농업 국가라고 할 수 있었다. 농산물을 수출해 광공업을 일으키고 무역을 하고 있었다. 다른 유럽 국가와 견주어 공업 발전이 늦은 독일은 영국이나 프랑스와 달리 일본과 비슷한 측면이 많았다. 사절단은 독일의 군수 산업에 주목했다. 특히 에센을 기반으로 하는 크룹그룹kruup의 대형 제철 공장에서 대포·소총·전차 등을 일괄 생산하는 현장을 견학하고 군수 산업의 밑그림을 그렸다.

사절단이 독일을 방문했을 때 철혈 재상으로 유명한 비스마르크가 수상을 맡고 있었다. 비스마르크는 1862년 프로이센 수상이 되

1차 세계대전 당시의 크룹 총기 공장

출처: 셔터스톡

었고 오스트리아·프랑스와의 전쟁에서 승리한 후 독일 제국을 수립했다. "독일 통일은 철(무기)과 피(병사)에 의해 이뤄진 것이다"라고 연설하면서 철혈 재상이라는 별명을 얻었다. 그런 그가 사절단을 초청한 만찬 자리에서 부국강병의 중요성을 강하게 설파하자 사절단은 깊은 인상을 받는다.

비스마르크와 부국강병

다나카 아키라는 《메이지유신과 서양 문명》에서 비스마르크의 발언 내용을 이렇게 요약했다.

> 영국이나 프랑스는 각국의 국제법에 따른 법률 정비를 요구하는데 이는 강대국에 유리한 법이다. 강대국은 유리하면 국제법 준수를 주장하지만 불리하면 무력으로 해결하려 한다. 식민지화의 흐름에서 살아남으려면 독일처럼 부국강병을 추진해야 한다. 독일은 소국이면서도 부국강병을 통해 열강의 대열에 합류했다.

불평등 조약을 개정하는 것이 중요한 목표였던 사절단에게 이 내용은 정말 충격적이었다. 사절단 부사 오쿠보도 독일과 비스마르크를 모델로 부국강병과 식산흥업을 추진해야 한다고 밝히기도 했다. 이토 히로부미는 독일식 헌법을 모델로 제국 헌법을 제정하기에 이른다. 일본의 또 하나의 롤 모델로 독일이 등장하게 된 것이다.

유학생 파견에 적극적이었던 일본

일본은 에도 막부 시절부터 유럽·미국 등에 수백 명에 달하는 유학생을 파견했다. 외국과 교류의 역사가 길었던 사쓰마번은 1865년에 영국으로 19명의 유학생을 파견하기도 했다. 메이지유신이 성공하자 일본은 선진 문물 흡수가 더욱 절실해졌다. 이러한 분위기에서 이와쿠라 사절단을 파견한 것이다. 새 정부가 들어섰다는 단순하고 의례적인 이유만으로 파견한 것은 아니었다.

일본에 유리했던 국제 정세

19세기 중후반의 유럽은 빈 체제로 5대 강대국의 세력 균형이 유지되는 평화의 시기였다. 그러면서도 각자가 자국 주도의 이상적인 구도를 그리는 시기여서 대부분 국가는 일본 사절단을 우호적으로 맞이했다. 즉 일본이 선진 문물을 받아들일 수 있는 국제적 분위기가 형성되어 있었던 시기였다.

우호적 여건에서 메이지유신의 실질적 주역들은 에도 막부 테크노크라트Technocrat, 기술 관료의 축적된 지식을 활용했다. 22개월 동안 세계 각국의 현장을 직접 체험해 선진 문물을 빠르게 흡수한 결과 일본 근대화에 일대 계기를 마련한 셈이다. 젊은 인재들을 대거 참여시켜 미래에 대한 준비가 가능했던 것이다. 무엇보다 그들의 경험이 오랫동안 정책에 반영될 수 있었다는 사실을 눈여겨볼 필요가 있다.

과학 기술과 노벨상

일본은 과학 분야에서 24명의 노벨상 수상자를 배출한 세계 5위의 노벨 과학상 수상 국가다. 노벨 과학상은 일본의 과학 기술 수준을 나타내는 하나의 지표가 되고 있다. 일본이 노벨상 수상자를 배출할 수 있었던 이유를 살펴보고 부품소재와 관련이 깊은 기업 출신 수상자를 들여다본다. 일본 기초 과학 발전의 산실이었던 이화학연구소의 설립 배경과 역할, 아시아 최초로 발견한 113번째 원소 니호늄의 탄생 과정도 소개한다.

노벨상 수상자를 많이 배출할 수 있었던 이유

일본은 유카와 히데키湯川秀 교수가 원자핵 내부에 양전자와 중성자를 매개하는 중간자가 있다는 '중간자 이론'으로 1949년 노벨 물리학상을 수상하면서 노벨상과 인연을 맺게 된다. 과학 분야에서 총 24명의 노벨상 수상자를 배출했는데 그중 21세기에 들어서 19명을 배출했다. 분야별로 보면 물리학상 11명, 화학상 8명, 생리의학상 5명 등 수상 분야도 고르다. 국가별 수상자를 비교해보면 일본은 세계 8위이며 과학 분야에 한정하면 미국·독일·영국·프랑스에 이어 세계 5위다. 연구 테마는 청색 LED, 이차전지, 다이오드, 전도성 플라스틱 등 현대 생활과 밀접하게 관련 있다. 일본 부품소재 분야의 경쟁력을 뒷받침하는 주요한 원인으로 작용한 것은 부정할 수 없다. 2019년에는 아사히카세이旭化成라는 화학 기업의 연구원이 리튬이온 이차전지 개발과 관련한 연구 성과를 인정받아 노벨 화학상을 수상했다. 기업 출신 샐러리맨 연구원으로는 네 번째 수상이다.

매년 10월 노벨상 수상자를 발표하는데 시상식은 알프레드 노벨이 사망한 12월 10일에 개최한다. 10월에 일본이 노벨상을 수상한 소식이 들리면 인접 국가로서 부러움과 아쉬움이 동시에 느껴진다.

무엇이 일본의 노벨상 수상을 가능하게 했을까

먼저 일본의 과학 수준이 상당한 수준에 도달해 있음을 들 수 있다. 데지마,《해체신서》의 사례에서도 알 수 있듯이 일본은 서구 문명을 받아들이는 데 매우 적극적이었다. 메이지유신을 계기로 일본의 유

국가별 노벨상 수상자 수

순위	국가	물리학	화학	생리의학	문학	경제학	평화	합계
1	미국	89	60	97	12	50	22	330
2	영국	24	27	33	12	8	12	116
3	독일	32	29	23	10	2	6	102
4	프랑스	12	10	13	15	2	11	63
5	스웨덴	4	4	7	8	2	5	30
6	일본	11	8	5	2	0	1	27
7	러시아	12	3	2	5	1	3	26
8	스위스	6	6	8	2	0	3	25
9	캐나다	4	7	3	1	3	2	20
10	이탈리아	6	1	5	6	1	1	20

학생들이 유럽·미국 등에서의 연구를 통해 상당한 수준의 연구 능력에 도달했고, 국제적인 네트워크도 보유하고 있었다.

노벨상이 처음 시작된 1901년에 세균학 전문가이며 일본 근대 의학의 아버지로 불리는 기타사토 시바사부로北里柴三郎가 생리의학상 후보로 추천될 정도로 일본은 국제적으로도 과학 수준을 인정받고 있었다. 기타사토는 1889년 베를린대학 코흐연구실에서 베링과 디프테리아를 공동 연구했고, 면역 혈청 요법에 관한 공동 논문을 발표했다. 노벨상 첫 해인 1901년 베링이 생리의학상을 수상한 것을 보면 기타사토도 노벨상에 근접해 있었다고 할 수 있다.

일본의 과학 분야 노벨상 수상자 중 학사 출신의 다나카 고이치田中耕一를 제외하고 23명이 박사학위 소지자인데 그중 20명이 일본 대학에서 학위를 받았다. 이는 일본의 높은 과학 수준을 알 수 있는 대목이다. 2008년 물리학상을 받은 마스카와 도시히데益川敏英 교수는 노벨상 수상식 참석차 스웨덴에 가기 위해 처음으로 여권을 만들었다. 일본 국내에서의 연구만으로 노벨상을 수상한 셈이다.

코펜하겐 정신의 자유스러운 연구 분위기

일본의 연구소 분위기도 창의적인 과학 기술 발전에 큰 역할을 하고 있다. 다음 파트에서 설명하는 이화학연구소는 토론을 거듭하며 연구를 진척시켜나가는 코펜하겐 정신으로 유명하다. 이화학연구소의 제4대 소장인 니시나 요시오仁科芳雄 박사는 코펜하겐대학 보어 연구소에서 5년간 연구하고 귀국한 후 나이나 지위와 무관하게 자유스럽게 토론할 수 있는 연구 문화를 정착시켰다. 그런 분위기에서 일본 최초의 노벨상 수상자인 유카와 히데키, 도모나가 신이치로朝永振一郞 등이 탄생한 것이다.

사카다연구소의 '물리학 교실 헌장'

유카와의 제자로, 유카와의 노벨상 수상에도 크게 기여한 사카다 쇼이치坂田昌— 는 1942년에 나고야대학에 부임해 사카다연구소를 중심으로 활발한 연구를 시작했다. 그리고 나고야를 도쿄, 교토에 버금가는 일본의 3대 연구 거점으로 발전시켰다.

나고야대학 사카다연구실은 학문의 자유와 평등을 내건 '물리학 교실 헌장'을 제정했는데, 이는 '연구의 주체는 교실 회의를 구성하는 연구원으로, 대학원생 이상의 연구원은 모두 대등한 자격을 갖는다'는 내용을 담고 있다.

김범성의 《어떻게 일본 과학은 노벨상을 탔는가》에 드러난 일본의 연구실 분위기는 경직되지 않고 자유스러운 토론을 통해 결론을 찾아가고 있었다. 2008년 물리학상을 공동 수상한 마스카와 도시히데와 고바야시 마코토小林誠는 이런 연구 분위기가 정착된 사카다연구실에서 연구를 시작했다.

우리나라는 토론과 질문이 부족하다는 지적을 받아왔으나 최근 교육 현장에서 토론 문화가 확산되고 있다. 이러한 흐름이 미래 창의적인 과학자 배출로 연결되기를 기대해본다.

장기 연구를 가능하게 한 연구비 지원 체계

일본은 기초 과학 연구가 장기적으로 가능하도록 연구 과제 선정이나 예산 배분에서 대학이나 연구소의 자율을 인정해주는 분위기가 강했다. 이는 장기 과제에 도전할 수 있는 토양이 되었다. 노벨상 수상자들도 자유스러운 환경에서 연구가 가능했다고 밝히고 있다.

그러나 1995년 과학기술기본법 제정과 1996년부터 5년마다 수립·시행하는 과학기술기본계획을 추진하면서 연구자 간 경쟁을 통한 연구비 지원으로 방향이 전환되었다. 단기 과제 위주로 연구를 진행할 수밖에 없는 분위기가 형성되고 있어 부작용을 경계하는 목소리가 나오고 있다.

반면 우리나라는 기초 연구에 대한 정책적 의지를 바탕으로 과학 연구에 예산 배정을 지속적으로 늘려오고 있다. 기초 과학은 연구에 필요한 재원 확보, 연구자의 자율성, 장기간에 걸친 연구 지원 체계 등이 동시에 필요하다. 이러한 요소들이 효과적으로 결합해야 노벨상 수상 소식을 들을 수 있을 것이다.

부품소재와 관련이 깊은 노벨상 사례를 좀 더 들여다보자. 일본의 기업 출신 중에서 가장 먼저 노벨상을 받은 사람은 에사키 레오나江崎玲於奈 박사다. 그는 소니의 전신인 도쿄통신공업에서 1957년 터널 다이오드를 만든 업적을 인정받아 1973년 물리학상을 받는다.

물리학 연구에 제약이 많았던 시대 상황

도쿄대학 물리학과를 졸업한 에사키 레오나는 물리학자의 길을 가고 싶어 했다. 그러나 패전 후의 시대 상황은 그의 꿈을 가로막고 있었다. 에사키가 졸업했던 1947년은 연합국최고사령부GHQ가 일본을 통치하는 시기였다. 당시 GHQ는 고에너지 물리학 연구에 많은 제약을 가하고 있었다. 원자 폭탄 개발과 관련이 있지 않은가 하는 의혹 속에 이화학연구소에 있었던 원형 가속기를 파괴해 바다에 던져버릴 정도였다. 결국 에사키는 민간 기업인 가와니시川西기계제작소(지금의 DENSO 계열사인 DENSO TEN) 입사를 선택하게 되고, 진공관의 문제점을 개선하기 위한 내열성 진공관 개발 프로젝트에 배치되었다. 당시 진공관은 열에 약해서 수명이 길지 않았다. 그러나 진공관 연구를 하던 중에 회사가 경영 부진에 빠지자 입사 9년 후인 1956년에 도쿄통신공업으로 자리를 옮겼다.

	유카와 히데키	1949	양자와 중성자 사이의 중간자 존재를 예상
노벨 물리학상	도모나가 신이치로	1965	양자전기역학 분야의 기초 연구
	에사키 레오나	1973	반도체에서 터널 효과의 실험적 발견
	고시바 마사도시	2002	천체물리학 특히 우주 뉴트리노 검출에 대한 공헌
	고바야시 마코토	2008	쿼크가 3세대 이상 존재한다고 예언함으로써 CP대칭성 파괴의 기원을 발견
	마스카와 도시히데		
	난부 요이치로	2008	소립자 물리학에서 자발적 대칭성 파괴 발견
	나카무라 슈지	2012	고휘도, 저전력의 백색 광원이 가능한 청색 LED 발명
	아카사키 이사무	2014	청색 LED에 필요한 고품질 결정 기술 발명
	아마노 히로시		
	가지타 다카아키	2015	중성미립자 진동 발견

	후쿠이 겐이치	1981	화학 반응 과정의 이론적 연구
노벨 화학상	시라카와 히데키	2000	전도성 플라스틱 발명
	노요리 료지	2001	광학활성 촉매에 의한 비대칭 합성 연구
	다나카 고이치	2002	생체 고분자 구조 해석 기법 개발
	시마무라 오사무	2008	녹색형광단백질 발견 및 생명과학에의 공헌
	네기시 에이이치	2010	유기 합성을 위한 필라듐 촉매 교차 짝지움 반응
	스즈키 아키라		
	요시노 아키라	2019	리튬이온 이차전지 개발

	도네가와 스스무	1987	항체를 생성하는 유전적 원리 해명
노벨 생리의학상	야마나카 신야	2012	다양한 세포로 성장 가능한 iPS 세포 제작
	오무라 사토시	2015	선충 기생에 의한 감염병 치료법 발견
	오스미 요시노리	2016	오토파지 체계 해명
	혼조 다스쿠	2018	면역 체크포인트 저해 인자 발견과 암치료 대응

에사키, 터널 효과 발견

1957년 에사키는 반도체 연구실에서 P형 반도체와 N형 반도체를 접합한 다이오드를 연구하면서 게르마늄의 PN 접합 부분을 얇게 하면 전류 전압 특성이 바뀌는 특이한 현상을 발견하게 된다. 전압을 높이면 전류가 증가해야 하는데, 일정 수준을 넘어서면 반대로 전류가 줄어드는 부성저항이 발생한 것이다. 에사키는 이러한 현상을 터널 효과에 의한 것이라고 생각했다. 터널 효과란 아주 작은 전자가 일정한 비율로 벽을 통과하게 되는 현상을 가리킨다. 전자는 매우 작기 때문에 터널을 지나듯 뒤편까지 벽을 뚫고 들어갈 수 있다. 그 결과 벽 뒤편에 전자가 나타난다.

터널 다이오드와 노벨 물리학상

다만 그때까지 터널 효과는 너무 작아서 이론적으로만 존재한다고 생각했는데, 통과한 전자가 일정 수준 이상이 되면서 에사키가 처음으로 터널 효과를 실제 관측한 셈이었다. 즉 전류로 측정한 것이다. 우연히 만든 반도체에서 터널 효과를 발견한 그는 이를 활용한 '터널 다이오드'를 만들어냈다. 이 업적이 노벨 물리학상 수상으로 이어지게 되었다. 에사키가 발명한 다이오드는 진화를 계속하면서 데이터 보존용 플러시 메모리 등 현실 세계에서 반드시 필요한 기술이 되었다. 또한 기술이 지속적으로 발달하면서 제품의 소형화·고기능화에 크게 이바지했다.

냉담한 일본, 열광하는 외국

일본 물리학회는 에사키의 터널 다이오드에 대해 처음에는 냉담한 아니 거의 무시하는 반응을 보였다. 그러나 미국 물리학회가 발간하는 〈피지컬 리뷰〉에 게재하자마자 해외에서의 반응은 엄청났다. 발표 다음 해인 1958년에는 브뤼셀에서 개최된 국제고체물리회의에 초청을 받아 '전자 공학에서의 고체 물리학'을 주제로 강연을 하게 되었다.

통상적으로 학술회의는 당대의 저명한 학자의 기조 강연으로 시작한다. 브뤼셀 회의에서는 트랜지스터 발명가의 한 사람으로 1956년에 물리학상을 받은 윌리엄 쇼클리가 기조 강연을 했다. 연단에 선 쇼클리는 에사키가 발명한 터널 다이오드를 매우 유망한 고주파 디바이스라고 세계 각국의 저명한 학자들 앞에서 대대적으로 설명했다. 영어 강연을 자유스럽게 청취하기 어려운 에사키였지만 쇼클리 박사가 자신의 이름을 반복하고 있음을 알아차렸다. 정작 본인이 더 놀랄 정도로 그는 이미 국제적으로 주목을 받고 있었다. 1960년에 미국의 IBM왓슨연구소로 스카우트된 그는 반도체 초격자 구조를 작성하는 데 성공하게 된다.

쓰쿠바대학 총장으로 귀국, 교육 혁신 매진

30여 년이 지난 1992년 에사키는 쓰쿠바대학 총장으로 부임한다. 미국으로 떠나면서 가졌던 일본 교육에 대한 실망감이 대학을 선택하게 한 것은 아닐까. 쓰쿠바대학 총장으로 부임한 후 첨단연구센터를 개설하는 등 대학 개혁에 매진했다. 지금도 쓰쿠바대학 갤러리

왼쪽은 쓰쿠바대학 갤러리의 에사키 코너, 오른쪽은 쓰쿠바시 중앙공원 미래의 길에 있는 에사키 동상

에는 에사키 박사의 업적에 관한 자료를 상설 전시하고 있다.

에사키 박사는 1994년 린다우 노벨상 수상자회의에서 과학자가 노벨상을 받기 위해 해서는 안 되는 5가지를 언급했다. 이것이 바로 매우 유명한 에사키의 '학자 오불五不'이다.

> **린다우 노벨상수상자회의**
> 과학자와 노벨상 수상자가 만나는 모임으로 1951년부터 독일 최남부의 린다우라는 도시에서 열린다. 매년 노벨상 수상자 20여 명, 연구자 500명이 참가하고 있다.

일불一不 과거에 얽매이지 않는다. 속박이나 굴레에 얽매이면 통찰력이 둔해지고 창조력이 발휘되지 않는다.

이불二不 권위 있는 선생을 존경하는 것은 좋으나, 빠져들어서는 안 된다.

삼불三不 정보의 홍수 속에서 필요 없는 것까지 관심을 두어서는 안 된다.

사불四不 자신의 주관을 관철시키는 데 싸움을 피하지 않는다.

오불五不 순수한 감성과 호기심을 잃어서는 안 된다.

시라카와 히데키白川英樹 교수는 전기가 통하는 플라스틱을 발견

폴리아세틸렌 필름 개발을 둘러싼 진실

실수로 촉매를 대량 투입했다는 변형직 박사는 〈뉴턴〉지 인터뷰에서 알려진 사실과 다른 내용을 언급했기 때문에 관련 내용 일부를 소개한다. 변형직 박사는 1967년 5월 국제원자력기구IAEA의 장학금을 받아 일본으로 건너갔으며, 도쿄공업대학 이케다 박사와 다바타 박사 연구실에서 실험을 진행할 계획이었다. 그러나 다바타 박사가 1개월간 미국 출장을 가게 되어 실험이 연기되자 이케다연구실에서 평소에 관심을 가지고 있었던 폴리아세틸렌 중합 실험을 시작했다.

폴리아세틸렌 중합은 아세틸렌(기체)을 촉매가 포함된 액체와 혼합시키는 것인데, 이런 과정을 통해 만들어진 폴리아세틸렌은 분말 상태이므로 밀도, 전도성 등의 물리적 특성을 측정하기가 곤란하다. 따라서 필름 상태로 중합시키기 위한 실험을 많이 했으나 좀처럼 성공하지 못했다.

변형직 박사는 몇 주일 동안 중합 실험을 반복하던 어느 날, 용액 위에 은회색의 층이 형성되어 있다는 사실을 발견했다. 몇 차례 반복 실험을 통해 필름 생성 과정을 확인한 후 이케다 박사에게 관련 사실을 보고했다. 외국인 연구생 신분이었던 변형직 박사는 9개월의 연수 기간이 종료되자 1968년 초 귀국한다. 박사는 귀국하기 전에 시라카와 박사에게 폴리아세틸렌 중합 방법을 알려주고 실험 자료는 도쿄공업대학에 제출한 상태였다. 그 후 모든 연구 성과는 시라카와 박사의 업적으로 바뀌었다.

변형직 박사는 국내에서 관련 연구를 계속해나갈 생각을 가지고 있었으나, 한 명이라도 더 많은 유학생을 보내야 했던 상황에서 일본 과학계와의 마찰을 우려했던 주변의 권유로 연구 계획을 포기한다. 그리고 자신의 결정을 후회하지 않는다고 밝혔다. 실험 지시서의 촉매 농도 단위를 착각했다는 설명에 의문이 남을 수 있다. 한편으로 '노벨상을 빼앗긴 것 아니냐'는 주장이 있을 수 있지만, 그렇지 않다는 게 일반적인 견해다. 발견 자체보다 지속적인 연구로 큰 업적을 남기는 것이 중요하기 때문이다.

해 미국의 앨런 맥더미드, 앨런 히거와 함께 2000년에 노벨 화학상을 수상한다. 시라카와가 노벨상을 받게 된 직접적인 계기가 된 연구는 모교인 도쿄공업대학 자원화학연구소(지금의 화학생명과학연구소)의 이케다 사쿠지池田朔次 연구팀의 조교수로 재직하던 시절로 거슬러 올라간다.

실수가 가져온 행운

1967년 폴리아세틸렌 합성 실험을 하던 시절, 우리나라 원자력연구소에서 파견되어 이케다 연구팀에 속해 있던 연구원(전 한국원자력연구소 방사선 연구실장 변형직 박사)이 실험 지시서의 촉매 농도 표시에서 m(milli 또는 밀리) 단위를 미처 보지 못하고 촉매를 1,000배 더 투입하는 실수를 저지른다. 그런데 당연히 분말 형태로 되어 있어야 하는 폴리아세틸렌이 광택을 지닌 은색의 막을 형성하고 있었다.

촉매 농도를 잘못 투입했다고 직감한 시라카와는 농도를 변경하면서 실험한다. 결국 일정 수준 이상의 촉매 농도에 이르면 박막이 형성되고 반도체 수준의 전도율을 갖게 된다는 사실을 밝혀냈다. 유리 기판 위에서 융합시키면 더 효과적이라는 사실까지 알아냈다.

앨런 맥더미드 교수와 만나다

또 하나의 행운이 시라카와에게 찾아온다. 1975년 펜실베이니아대학 앨런 맥더미드 교수를 만난 것이다. 도쿄공업대학 자원화학연구소를 방문한 맥더미드 교수는 황화질소 금속 결정을 가지고 있었는데, 이를 본 연구소 책임 교수가 폴리아세틸렌 박막과의 연관성을 직

2000년 노벨 화학상 공동 수상자 시라카와 히데키, 앨런 맥더미드, 앨런 히거

감하고 시라카와를 소개해주었다. 맥더미드는 그 자리에서 시라카와에게 공동 연구를 제안했다. 다음 해부터 물리학자 앨런 히거를 영입해 셋이서 펜실베이니아대학에서 공동 연구를 시작한다.

　공동 연구팀은 폴리아세틸렌의 전기 전도성을 연구하면서 아이오딘요오드, 원자번호 53 증기를 이용해 필름을 산화시키면 전도성을 획기적으로 향상시킬 수 있다는 사실을 발견했다. 플라스틱은 전기가 통하지 않는다는 기존의 상식을 파괴한 것이다.

　학계에서도 기존 상식을 파괴한 결과를 쉽게 받아들이지 않았다. 공동 연구팀은 연구 결과를 맨 먼저 〈Chemical Communications〉에 게재하고, 화학 전문 학술지인 〈Journal of the American Chemical Society〉는 맥더미드 교수가, 물리 학술지인 〈Physical Review Letters〉에는 히거 교수가 각각 투고하기로 했다. 그러나 〈Chemical Communications〉에만 연구 논문이 게재되었다. 두 곳은 여전히 게재를 미루고 있었다. 게재 여부를 결정하는 기초 조사

단계에서 플라스틱의 전도 가능성에 의문이 제기된 것이다.

그러자 맥더미드 교수는 1977년 뉴욕에서 개최되는 국제학회에서 실험을 통해 증명해 보일 것을 제안했다. 실험을 통해 전구에 불이 들어오는 것을 확인하고서야 두 곳의 전문 학술지에 논문을 게재할 수 있었다. 전기가 통하는 플라스틱은 그만큼 상식을 뛰어넘는 위대한 발견이었다.

맥더미드, 히거, 시라카와는 세계 최초의 전도성 플라스틱 개발의 업적을 인정받아 노벨 화학상을 공동 수상했는데, 특히 '전기가 통하는 플라스틱'이 물리학자와 화학자의 공동 연구를 통해 개발되었다는 소식이 더욱 화제를 불러일으켰다. 전도성 플라스틱은 LCD, 터치 패널, 태양 전지 등으로 널리 상품화되어 디지털 시대의 우리 생활을 더욱 윤택하게 해주고 있다.

2002년 10월, 일본에 새로운 노벨상 스타가 탄생한다. 스웨덴 왕립과학아카데미는 생체 고분자의 질량과 입체 구조를 해석하는 방

출처: 고이즈미 준이치로 총리 관저

2002년 노벨상 수상자(왼쪽 물리학상 고시바 마사도시, 오른쪽 화학상 다나카 고이치)와 고이즈미 총리

법을 개발, 바이오 산업의 미래를 연 다나카 고이치田中耕一를 노벨상 수상자로 결정했다고 발표했다.

학사 출신의 40대 노벨상 수상자

노벨상 수상자 하면 어느 정도 나이가 있고, 학문적으로도 성과를 이룬 대학교수나 유명 연구소의 연구원이 떠오르기 마련이다. 일반 기업에 다니는 43세 학사 출신 주임연구원이 화학상 수상자로 선정되었으니 놀라울 따름이다. 1983년 센다이에 있는 도호쿠대학 전기공학과를 졸업한 다나카는 소니에 취직하고자 했으나 실패를 맛보고 지도 교수의 소개로 시마즈제작소에 입사한다. 시마즈제작소의 중앙연구소에 배치된 그는 질량 차이를 통해 단백질을 구분하는 기술을 연구하게 된다.

실수가 만들어낸 위대한 발견

질량 분석은 단백질을 먼저 이온화한 후 해야 하는데 이온화는 높은 에너지가 필요하다. 그런데 에너지를 높이면 단백질은 분화되어 버린다. 단백질 이온화 그 자체가 매우 어려운 기술이다. 단백질이 열에 약해서 레이저 광선을 비추면 산산조각 나버리는 것이다.

당시 레이저를 통한 질량 측정 기술 개발은 불가능하다는 평가가 지배적이었으나, 다나카는 레이저 광선의 힘을 약화시키는 완충제를 통해 이온화를 시도하고 있었다. 연구를 시작한 지 2년 정도 지난 1985년 2월, 여러 완충제를 실험하고 있던 다나카는 각각 다른 실험에 쓰려 했던 글리세린과 코발트를 실수로 섞어버린다.

시마즈제작소

1875년에 창업한 장수 기업으로 분석 계측 기기, 의료 영상 진단기, 항공 산업 기기 등을 주로 생산하고 있다. 분석 계측 기기는 실험실, 연구실 등에서 주로 사용되고 있어 연구원들에게 특히 친밀한 기업이다. 창업자인 시마즈 겐조島津源蔵는 처음에는 절에서 쓰는 향초 받침대 등 불단을 만들었으나, 메이지 시대 들어 불교 배제 정책으로 일감이 줄어들자 교육용 과학 기기 제조로 전업하면서 시마즈제작소를 설립했다. 교육용 과학 기기로 업종을 바꾼 계기는 1870년 공장 인근에 과학 기술 연구 기관인 세이미교쿠舎密局가 설립되면서부터이다.

과학에 관심이 많았던 시마즈는 세이미교쿠에서 교육을 받기도 하고 실험 기기의 수리를 의뢰받기도 하면서 과학 기기를 생산해 교토의 64개 초등학교에 납품도 했다. 1877년에는 교토 지사의 의뢰를 받아 일본 최초로 열기구를 띄웠는데, 열기구 성공을 계기로 시마즈제

> **세이미교쿠**
> 화학 기술의 연구, 교육 및 창업을 지원하는 공적 기관이다. 세이미는 네덜란드어로 화학을 뜻하는 케미chemie에서 온 것이다.

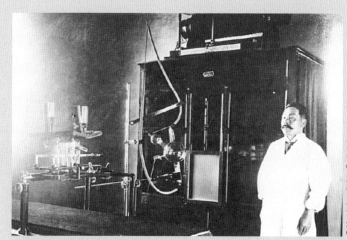

1909년에 개발한 일본 최초의 의료용 X선 촬영기

작소는 전국적인 명성을 얻었다. 1909년 일본 최초로 의료용 X선 장치를 생산했으며, 지금도 X선 촬영 기기 시장에서는 50%의 점유율을 보이고 있다.

2020년 3월 결산 기준으로 매출액은 3,854억 엔, 영업 이익은 418억 엔으로 10.9%의 영업 이익률을 기록하고 있다. 분야별 매출액은 계측 기기 2,363억 엔, 의료용 기기 702억 엔, 산업 기기 431억 엔, 항공 기기 302억 엔으로 구성되어 있다. 2019년 결산 기준으로 연구 개발비는 매출액의 4.2%에 달하는 166억 엔이며 종업원은 1만 3,182명이다.

그러나 코발트 미세 분말은 가격이 매우 비쌌으므로 잘못 혼합했다는 사실을 알면서도 실험을 진행했다. 레이저를 투시해보았는데 놀랍게도 비타민 B_{12}가 이온화되어 있었다. 우연한 실수가 대성공을 가져다준 셈이다.

단백질 질량 분석이 가져올 미래

2002년 노벨상을 받을 당시만 해도 단백질 질량 분석이 의료 발달에 크게 기여하리라는 기대는 그리 많지 않았다. 본격적인 기술 개발은 이 연구가 2009년 일본 학술진흥회 최첨단 연구 프로그램에 선정되어 5년에 걸쳐 40억 엔의 연구비를 지원받으면서부터다. 60명 정도의 연구 체제를 갖추자 질량 분석의 정확도가 대폭 향상되었다. 2014년에는 혈액에서 알츠하이머병의 원인 물질을 검출할 수 있는 수준까지 이르게 되었다.

가끔씩 미래 사회를 묘사할 때 혈액 한 방울로 모든 질병을 진단하는 장면이 등장하곤 하는데, 분야별로는 실제 상당 부분이 진전하고 있다. 여기에는 다나카의 단백질 질량 분석 기술이 기초 기술로 자리 잡고 있다.

신기술 연구를 지원하는 기업 문화가 노벨상으로 연결되다

다나카가 노벨상을 수상할 당시 일본은 '잃어버린 10년'이라고 불릴 정도로 경기 침체를 겪고 있었다. 일본 사회가 샐러리맨 노벨상 수상자에 열광한 것은 아주 당연한 분위기였다. 다나카는 TV 화면 속에 자기와 다른 다나카가 있다고 할 정도로 스타가 되어 있었다. 작업복 차림으로 노벨상 수상 기자 회견을 한 다나카는 현대판 장인 정신의 대명사 같은 모습으로 비쳐졌다.

과연 다나카의 노벨상 수상을 실수에서 비롯된 행운의 결과라고만 할 수 있을까. 다나카가 근무하고 있는 시마즈제작소는 미래 활용 가능성이 있는 신기술이라면 어떤 것을 연구해도 지원하는 문화가 있다. 예산이 얼마가 들어가든 적극 지원하는 기업의 연구 문화, 실패를 용인하는 기업 풍토, 노벨상 수상으로 스타가 되었음에도 회사가 제안한 임원의 길을 마다하고 연구라는 한 우물을 파는 가치 체계가 노벨상으로 연결된 것은 아닐까.

나카무라 슈지, 청색 LED 발명

1993년 11월 30일 〈니혼게이자이신문〉 1면 기사에 '청색 LED 밝기 100배, 세계 최고'라는 기사가 실렸다. 시코쿠 도쿠시마현에 소재하는 니치아화학공업日亜化學工業이 발명한 청색 LED가 세상에 모습을 드러내는 순간이었다. 니치아화학공업은 1년 후 이를 상용화했고, 이를 계기로 일본의 지방 중소기업에서 LED 패키지 분야 세계 1위 기업으로 비약했다.

지방 중소기업 연구자의 청색 LED 개발

나카무라 슈지中村修二는 1989년에 연구를 시작해 4년 만에 질화갈륨을 이용해 강력한 청색 빛이 발산되는 청색 LED를 거의 혼자 힘으로 발견해냈다. 1979년 도쿠시마대학 공학연구과 석사과정을 수료하고 같은 지역의 조그만 중소기업에 들어가면서부터 14년 만에 누구도 성공하지 못했던 청색 LED 개발에 성공한 것이다. 그리고 2014년 노벨 물리학상을 받게 된다. 노벨상으로 연결된 연구 성과를 거두던 시점의 그는 39세의 석사학위 소지자였다. 노벨상 수상 소감을 말하면서 니치아화학공업 재직 당시의 오가와 사장에게 가장 먼저 감사를 표했다. "개발하고자 하는 제안을 5초 만에 결단해주었고, 파격적인 연구비를 지원해주었다. 오가와 사장이야말로 최고의 벤처 투자가다"라고 칭찬을 아끼지 않았다.

출처: 위키피디아

나카무라 슈지와 청색 LED

회사에 대한 애착과 '슬레이브 나카무라'

청색 LED가 제품화된 이후 1994년경부터 나카무라는 일본 국내외 학회 등에서 많은 강연을 한다. 1998년에는 도쿄대학으로부터 객원교수로 와달라는 제안을 받았는데 회사 기밀을 누출할 위험이 있다는 이유로 거절했다. 그의 애사심을 느낄 수 있는 대목이다. 그러나 월급 외에 발명에 대한 보상으로 회사로부터 2만 엔을 받았다는 소식이 알려지자 미국인 동료 연구자가 '슬레이브 나카무라Slave Nakamura'라는 별명을 붙여주었다. 미국 대학 및 기업에서 계속 제의를 받고 딸의 권유도 있어 결국 2000년에 캘리포니아대학 산타바바라캠퍼스 재료물성공학과 교수로 부임한다.

나카무라 교수와 니치아화학공업의 특허 소송

아이러니하게도 나카무라가 미국으로 옮기자 니치아화학공업이 영업 비밀 누설 혐의로 그를 제소하면서 나카무라는 니치아화학공업과 특허 분쟁에 들어간다. 나카무라는 자신의 발명에 대한 보상이 부족했다며 니치아를 맞고소했고 LED 특허를 둘러싼 4년여의 지루한 법정 공방으로 이어진다. 특허 소송의 간략한 경위는 이렇다.

1999년 12월 나카무라는 니치아화학공업을 퇴사하고 2000년 2월 캘리포니아대학 산타바바라캠퍼스 재료물성공학과 교수로 부임한다. 그해 12월 니치아화학공업은 노스캐롤라이나주 동부지구 연방지방법원에 나카무라를 영업 비밀 누설 혐의로 제소한다. 2001년 8월, 나카무라는 발명자인 자신에게 적절한 보상을 해줘야 한다며 회사를 상대로 맞소송한다. 2004년 1월, 도쿄 지방재판소는 원고의 공헌도를 50%로 보고 원고(나카무라)에게 약 200억 엔을 지급하라는 판결을 내린다. 2005년 1월, 도쿄 고등재판소의 화해를

니치아화학공업

니치아화학공업은 시코구 공항에서 자동차로 30분 정도 걸리는 인구 6만 명 정도의 소도시 아난시에 소재하고 있다. 1956년 고순도 칼슘염 기업으로 창업했으며, 1966년 조명 및 브라운관용 형광체를 사업화했다. 기술력을 존중하는 회사 분위기가 강하고, 설립 초기부터 형광등 및 TV 브라운관용 형광체 시장의 35% 정도를 점유하는 '형광 물질의 니치아'로 평판이 나 있었다.

1993년 청색 LED 발명 시점에는 종업원 400명, 매출액 191억 엔의 조그만 중소기업이었으나 2019년 결산 기준으로 종업원 9,172명, 매출액 4,050억 엔의 글로벌 강소기업으로 발전했다. 매출액은 LED 등 광반도체가 2,785억 엔, 이차전지 재료 등 화학 분야가 1,265억 엔으로 구성되어 있다. 영업 이익은 564억 엔으로 영업 이익률 13.9%를 기록하고 있으며 연구 개발비는 매출액의 9% 수준인 345억 엔 규모다.

청색 LED는 세계 시장의 20%를, 반도체 레이저는 세계 시장의 95%를 점유하고 있다. 연구 개발 조직은 소재 등 장기 연구를 기본으로 하는 연구개발본부와 광반도체의 응용 분야를 연구하는 선행응용개발센터로 나뉜다. 상호 연계를 통해 차세대 기술 개발을 추진하고 있다.

2006년 니치아화학공업은 서울반도체가 '사이드 뷰 LED' 특허를 침해했다며 미국 법원에 특허 소송을 제기했다. 한국·일본·영국 등에서 파상적인 소송전을 전개했으며 서울반도체는 역소송을 제기해 치열한 특허 전쟁이 벌어졌다. 결국 2009년에 특허를 공동 사용하는 크로스 라이선스 형태로 합의에 도달했다.

받아들여 약 8억 엔으로 화해하기에 이른다.

이 소송은 특허권 귀속 여부 및 발명자에 대한 적절한 보상과 관련해 일본은 물론 전 세계 기업들에게 큰 영향을 주었다. 이를 계기

니치아화학공업 본사 공장

로 직원이 기술을 개발했을 경우의 보상 체계가 더 명확히 설정되었고, 우리나라 전경련에 해당하는 일본 게이단렌은 정부를 설득해 발명자 개인이 아니라 회사가 특허를 소유할 수 있도록 특허법을 개정(2015)하기에 이른다.

창의적인 시도가 노벨상으로 연결

노벨상 수상 후 우리나라를 방문했을 당시의 인터뷰에서 그는 "노벨상 수상은 생각지도 못한 시도를 해볼 수 있는 환경이 조성돼야 가능하다"고 강조했다. 당시 질화갈륨을 재료로 사용하는 것은 아무도 생각하지 못했던 것이라며, 이 같은 도전은 "작은 기업에서 일했기에 가능했다"고 말했다. 아울러 "사장과 직접 소통이 가능한 창업기업이나 중소기업에서 새롭고 창의적인 기술과 아이디어를 펼치기가 용이하다"고 덧붙였다.

요시노 아키라, 리튬이온 배터리 기술 개발

네 번째 샐러리맨 연구원 탄생

매년 10월이면 노벨상이 화제다. 2019년 노벨 화학상은 존 구디너프 미국 텍사스대학 교수, 스탠리 휘팅엄 미국 빙엄턴대학 교수, 요시노 아키라吉野彰 일본 아사히카세이 명예연구원에게 돌아갔다. 리튬이온 배터리를 개발한 공로를 인정받은 것으로, 일본에서는 스물네 번째 과학 분야 노벨상 수상자이자 네 번째 샐러리맨 노벨상 수상자가 탄생한 순간이다.

인생을 바꾼 한 권의 책

요시노 아키라는 초등학교 때 담임 선생님이 추천해준 영국 화학자 마이클 패러데이의 《촛불의 과학》이라는 과학 서적을 접하고 화학에 관심을 갖게 되었다. 화학에 관심이 많았던 요시노는 교토대학 석유화학과에 진학했고, 석사과정을 마친 1972년에 아사히카세이에 입사해 2015년 고문으로 물러날 때까지 40년 이상을 배터리 연구에 매진했다.

40년을 배터리 연구에 매진

요시노가 한창 이차전지 연구를 진행하고 있던 1980년대는 휴대폰, 노트북 등 휴대 기기의 개발이 본격화되는 시기로 소형 이차전지의 수요가 급증하고 있었다. 그러나 종래의 니켈수소전지는 여러 가지 성능상의 한계점이, 금속리튬전지는 폭발 위험성 및 충전 기능이 급

아사히카세이

아사히카세이는 일본질소비료(지금의 치소Chisso)의 설립자인 노구치 시타가우野口遵가 1922년에 설립했다. 노구치는 1921년 유럽 시찰을 통해 화학섬유의 가능성을 예견하고 일본질소비료에 화학섬유 분야 사업 진출을 건의했으나 '일본에 천연 섬유가 많다'는 이유로 반대에 부딪치자 별도 회사로 아사히견직을 설립했다. 일시적으로 일본질소비료와 합병, 다시 분리하는 등 오늘의 아사히카세이가 되었다. 1970년대 이후 건자재, 의약품, 반도체, 이차전지, 자동차 내장재 등으로 사업 다각화를 추진했으며, 2001년 Asahi Kasei로 사명을 변경했다.

2003년 지주회사와 7개 사업회사 체제의 그룹 경영으로 전환했다. 2009년 전자재료 사업 일부를 아사히카세이 이머티리얼즈로 분리하면서 머티리얼, 주택, 헬스케어의 3개 분야 9개 사업회사 체제로 운영해왔다. 2016년 사업지주회사 체제로 전환하면서 머티리얼 부문의 섬유·화학·이머티리얼 3개 자회사를 흡수 합병했다. 이차전지 분리막은 세계 최고의 시장 점유율을 기록하고 있으며, 유니클로의 여성용 에어리즘 소재를 공급하고 있다. 2020년 3월 결산 기준 매출액은 2조 1,516억 엔, 영업 이익은 1,773억 엔으로 영업 이익률은 8.2%를 기록하고 있다. 2025년 매출 3조 엔, 영업 이익 3,000억 엔을 중기 경영 목표로 설정하고 활발한 투자 및 M&A를 추진하고 있다.

아사히카세이는 2010년 이후 M&A를 본격화하고 있다. 2012년 구급救急 의료 기기 기업인 ZOLL을 1,800억 엔에, 2020년 신장 이식 후의 면역 억제제 기업인 베로시스를 1,430억 엔에 인수하는 등 의료, 헬스케어 기업 인수에 적극적이다. 분리막 기업인 폴리포르(2015), 자동차 내장재를 생산하는 사게(2018) 등 미국 기업을 중심으로 활발한 M&A를 추진하고 있다. 아사히카세이는 2008년 기업 내 벤처캐피탈인 아사히 CVC를 설립했으며, 2011년부터 사업 거점을 실리콘밸리로 옮겨 적극적인 M&A를 추진하고 있다.

2019년 10월 9일 노벨상 수상 기념 기자 회견에서 기뻐하는 요시노 아키라

아사히카세이 노베오카 공장

속히 떨어지는 약점이 있었기 때문에 널리 보급되지 못하고 있었다.

수요가 무궁무진한 이차전지의 안정성 문제를 해결하지 못하고 있었던 시기에 옥스퍼드대학 교수였던 존 구디너프는 리튬과 산화 코발트 합성물인 코발트산 리튬 등이 양극에 적합하다는 연구 결과를 발표(1980)했다. 당시 요시노는 시라카와 박사가 발명한 전도성 플라스틱인 폴리아세틸렌에 주목하고 있었다. 결국 1981년에 폴리아세틸렌이 유기용매를 사용한 이차전지의 음극에 적합하다는 사실을 밝혀냈다. 자연스럽게 양극에는 코발트산 리튬을, 음극에는 폴리아세틸렌을 적용한 리튬이온 이차전지의 원형이 만들어진 것이다.

리튬이온 이차전지 기본 개념 확립

그러나 폴리아세틸렌은 비중이 낮아 전지의 용량이 확대되지 않았고 전극 재료로 불안정하다는 문제점을 안고 있었다. 실제 제품에 적용하기에 한계가 있었던 것이다. 1985년이 되어서야 음극에 탄소화합물을 사용하고, 양극과 음극 사이에 분리막을 설치하는 리튬이온 이차전지의 기본 개념을 확립하게 되었다.

리튬이온 이차전지의 기본 개념이 확립되었다고 해서 처음부터 시장의 주목을 받은 것은 아니었다. IT 산업화의 붐이 일어나면서 수요는 확보되었으나 제품 개발에 많은 시간이 걸렸다. 결국 1991년 소니가 리튬이온 이차전지를 생산하면서 상용화 단계에 접어들었다. 아사히카세이는 리튬이온전지의 양극과 음극을 분리하는 분리막에서 세계 1위의 자리를 지키고 있다.

기업 출신으로 일본의 네 번째 노벨상 수상자가 된 요시노 아키라는 수상 인터뷰에서 "리튬이온 배터리를 개발한 후 3년간 전혀 매출이 발생하지 않다가 10년이 지난 1995년이 되어서야 팔리기 시작했다. 정신적으로나 육체적으로 목을 조이는 것 같은 괴로운 시간이었다"라고 어려운 시기를 회상했다.

단기 성과와 장기적인 연구 지원

연구 성과가 매출로 연결되지 않는다는 사실이 요시노 본인에게는 고통으로 다가왔지만, 아사히카세이는 당장 눈앞에 보이는 성과가 없을지라도 장기간에 걸쳐 연구할 수 있도록 지원했다. 이러한 환경이 요시노의 노벨상 수상을 가능하게 하지 않았을까. 그러나 정작 요시노는 "일본 대학과 기업의 연구 분위기가 이전과 달라지고 있다"며 "당장 그럴듯한 성과가 나오지 않으면 예산을 깎아버리는 풍토는 사라져야 한다"며 도리어 일본의 연구 환경을 걱정하고 있다.

과학자의 천국, 이화학연구소

이화학연구소RIKEN는 일본의 유일한 자연 과학 종합 연구 기관으로 '과학자의 낙원'이란 별명을 갖고 있을 정도로 연구 환경이 좋은 곳이다. 일본 최초의 노벨상 수상자인 유카와 히데키, 1965년 노벨 물리학상 수상자 도모나가 신이치로, 2001년 노벨 화학상 수상자 노요리 료지野依良治 등 다수의 노벨상 수상자를 배출한 세계적 권위를 가진 연구 기관이다. 이화학연구소의 역사는 일본 과학 발전의 역사라고 해도 과언이 아니다.

이화학연구소의 탄생, 다카미네 박사의 산파역

이화학연구소는 다카미네 조키치高峰讓吉 박사의 적극적인 역할에 의해 만들어졌다. 가가번(지금의 이시가와현 남부)은 다카미네를 당시 난학이 가장 발달했던 나가사키로 유학 보냈다. 나가사키에서 유학하고 돌아온 다카미네는 도쿄대학 공학부(당시 공부工部대학) 응용화학과를 수석으로 졸업하고 영국에서 3년간 유학한 후 1884년에는 미국 뉴올리언스에서 개최된 만국공업박람회 사무관으로 파견되기도 했다.

1890년 미국으로 건너간 다카미네는 식물에서 전분 및 글리코겐 분해 효소인 디아스타제 추출에 성공했으며, 이 기술을 활용해 파이저Pfizer는 타카디아스타제라는 소화제를 개발했다. 1900년 다카미네는 폐기된 가축의 내장에서 아드레날린 결정을 추출하는 데 성공했다. 그가 처음 거주했던 시카고는 미국의 주요 육류 제품 산지였는

데, 육류 가공 부산물을 활용해 세계 최초로 호르몬 추출에 성공한 것이다. 아드레날린은 급성 알레르기 발작 진정제 및 수술 시 지혈제 등으로 사용되면서 의학 발전에 크게 기여했다.

다카미네는 "구미 각국에는 기초 과학 연구소가 있고, 연구소에서 탄생한 연구 성과를 바탕으로 경쟁력 있는 공업을 발전시키고 국가의 부를 창출한다. 일본에도 대규모 과학 연구소가 있어야 한다"며 연구소 설립의 필요성을 역설했다. 실제로 당시에는 미국의 록펠러의학연구소, 독일의 카이저빌헬름연구소 등 민간 연구소가 설립된 상태였다.

> **록펠러의학연구소**
> 미국의 석유왕 록펠러가 1901년 설립했다. 1965년 록펠러대학으로 변경했다. 록펠러의학연구소 출신 노벨상 수상자는 대학을 포함해 총 23명에 달한다.
>
> **카이저빌헬름연구소**
> 1911년 설립된 연구소로 1·2차 세계대전에 걸쳐 독가스 등 생화학 무기 개발에 관여했다. 1948년 막스플랑크연구소로 변경했다. 막스플랑크연구소까지 포함해 33명의 노벨상 수상자를 배출했다. 카이저빌헬름연구소 초대 회장으로 당시 무명이던 아인슈타인이 취임했다.

이화학연구소 설립의 필요성

1차 세계대전을 계기로 독일과 적대국이 된 일본은 그때까지 독일에 의존해왔던 화학 공업 제품을 수입할 수 없게 되었고, 이는 일본 경제의 위기로 작용하게 되었다. 이것은 외국 의존에서 탈피하기 위해 과학 연구가 필요함을 절실하게 느끼게 해주는 계기가 되었다.

김범성의 《어떻게 일본 과학은 노벨상을 탔는가》에 드러나는 것처럼 당시 일본은 연구소 설립의 필요성을 절감하고 있었다. 게다가 다

88

카미네 박사의 연구소 설립 필요성 주장을 계기로, '일본 자본주의의 아버지'로 불리는 시부사와 에이이치澁澤榮一가 오쿠마 시게노부大隈重信 총리에게 연구소 설립 당위성을 직접 설명할 정도로 과학 연구소의 필요성을 공감하는 분위기가 형성되었다. 또 미쓰이, 미쓰비시 등 재

벌 기업도 50만 엔(지금의 1억 엔)씩 출연하기로 하면서 연구소 구상은 급물살을 탔다. 그 결과 1917년 이화학연구소가 탄생한다.

설립 직후의 이화학연구소

이화학연구소는 설립 다음 해에 1차 세계대전 종식으로 전후 불황이 시작되면서 설립 초기부터 자금 조달에 어려움을 겪는다. 기회는 위기와 함께 온다고 했던가. 1921년 이화학연구소는 42세의 연구원 오코우치 마사도시大河內正敏를 연구소장으로 발탁하면서 대규모 개혁을 단행했다. 오코우치 연구소장은 25년간(1921~1946) 소장으로 재임하면서 오늘날의 이화학연구소의 초석을 다지게 된다.

이화학연구소는 당초 물리학부, 화학부의 두 연구 조직으로 발족했지만, 주도권을 놓고 두 연구부가 격렬하게 대립하고 있었다. 새로 취임한 오코우치는 2부제를 폐지하고 14개의 연구실로 재편했다. 연구실을 책임지는 주임연구원 제도를 도입해 주임연구원에게 연구 테마 선정, 예산, 인사 등 연구실 운영과 관련한 모든 권한을 주고 연구에만 집중할 수 있는 환경을 만들었다.

연구 성과를 산업화, 63개 기업 탄생

또 하나의 중요한 변화는 '연구 성과의 산업화'다. 이화학연구소는 연구 성과로 얻은 특허 및 실용 신안을 기본으로 기업을 설립하고, 이들 기업에서 특허권 사용료를 받아 연구비용을 충당한다는 구상을 세웠다. 이화학연구소가 연구 성과를 적극적으로 산업화하자 63개의 기업이 탄생했다. 1939년에는 연구비의 80% 이상을 이들 기업에서 얻은 수익으로 충당할 정도까지 발전했다. 연구 기관에서 이렇게 많은 기업이 탄생해 기업 연합을 결성하는 일은 세계적으로 유례를 찾아보기 힘들다.

국가의 쌀 부족 문제 해결에도 공헌

가장 먼저 쌀을 사용하지 않는 합성주를 만들었다. 이화학연구소가 설립된 다음 해인 1918년 1차 세계대전이 끝나면서 쌀 가격이 폭등했다. 연초에는 쌀 한 석(180ℓ)이 15엔 수준에 거래되었으나 여름철이 되자 50엔까지 급등하면서 전국적으로 쌀 소동이 생기는 등 쌀 부족이 심각한 상황이었다.

　일본인이 즐겨 마시는 청주는 쌀을 원료로 만드는데, 당시 청주

이화학연구소가 만든 술, 리큐

를 생산하기 위해 연간 약 400만 석의 쌀이 쓰이고 있었다. 이는 전체 쌀 소비량의 7~8%에 해당하는 막대한 양이다. 이런 상황에서 당시 주임연구원 스즈키 우메타로鈴木梅太郎가 쌀을 사용하지 않는 합성주 '리켄주'를 탄생시켰다. 1928년 육해군에는 '소코구祖國', 일반인에게는 '리큐利久' 브랜드로 판매되었다. 1940년경 이화학연구소 소득의 절반 정도를 리켄주가 담당할 정도로 발전했다. 물론 일본의 쌀 부족 문제 해결에도 큰 공헌을 하게 되었다.

주식회사리켄이 무너지면 자동차 공장이 멈춘다

2007년 7월 니가타현에서 진도 6.8의 지진이 발생했다. 가시와자키시에 소재하는 주식회사리켄의 쓰루기 공장이 큰 피해를 입게 되었다. 1,300대의 기계 중 500대가 넘어지거나 생산 라인을 탈선하는 등 공장 가동이 불가능해졌다. 그때 일본의 거의 모든 자동차 기업에서 총 8,000여 명의 엔지니어를 보내 복구를 지원함으로써 1주일만에 생산을 개시할 수 있었다. 쓰루기 공장은 한 달에 3,000만 개의 자동차용 피스톤링을 생산하는데, 피스톤링은 엔진의 밀봉 역할

출처: (주)리켄 홈페이지

피스톤링

을 해주는 중요 부품이어서 피스톤링이 없으면 엔진의 구동 자체가 불가능해진다. 만약 쓰루기 공장 가동이 중단되면 자동차 생산을 중단해야 할 수도 있었다.

피스톤링을 생산하는 기업이 주식회사리켄이다. 회사 이름에서도 이화학연구소와의 연관성을 짐작할 수 있을 것이다. 1925년 이화학연구소가 실린더 내벽에 균일한 압력을 가하는 피스톤링 제조법을 발명했고, 1927년 연구 성과를 상업화하기 위해 이화학흥업을 설립했다. 그 후 리켄피스톤링을 거쳐 1979년에 주식회사리켄으로 회사명을 변경했다.

리코와 리켄알루마이트공업

복사기로 유명한 리코도 이화학연구소에서 출발한 기업이다. 리코는 잉크를 이용하지 않고 빛과 열로 인쇄를 할 수 있는 감광지 기술을 기반으로, 1936년 이화학흥업에서 독립해 리켄감광지라는 회사를 설립한 것이 출발점이다. 1938년에 일본광학으로, 1963년에는 현재의 리코로 회사명을 변경했다. 카메라, 프린터, 팩시밀리, 복합기 등 종합 OA 기업으로 발전했다.

리코는 복합기의 디지털화·컬러화의 시대 변화에 신속하게 대응하면서 복합기 분야에서 일본 최대 기업으로 성장했다. 2019년 3월 결산 기준으로 연간 매출액이 2조 엔을 넘는다.

당시 이화학연구소가 기업화한 연구 성과의 하나로 알루마이트도 자주 인용되곤 한다. 알루미늄은 공기와 접촉하면 얇은 산화피막이 형성되는데 산화피막은 미세한 구멍이 다수 발생하기 때문에

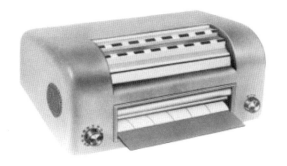

출처: 리코 홈페이지

1955년 리코가 생산한 최초의 복사기 '리코피–101'

쉽게 더러워지고 충격에도 약하다. 이화학연구소는 1925년 내식성
과 내마모성이 뛰어난 새로운 표면 처리 기술을 개발하고 그 기술
을 바탕으로 리켄알루마이트공업을 설립했다. 개발 당시에는 알루
마이트가 도시락 소재로 각광을 받았다. 오늘날까지도 인쇄, 기계
공구, 알루미늄 섀시 등 건자재 분야에 없어서는 안 되는 소재다.

주식회사이화학연구소

그러나 태평양전쟁과 패전으로 이화학연구소는 된서리를 맞는다.
GHQ는 이화학연구소의 연구 성과로 기업화한 이화학연구소 산
업단을 재벌과 동일하게 취급하면서 1947년에 이화학연구소 해체
를 요구한다. 그리고 이화학연구소의 사이크로트론을 핵 개발 시설
로 인식하고 이를 해체해 해저 1,200m의 태평양 바다 속으로 던져
버렸다. 소장 니시나 요시오 박사는 GHQ와 담판을 통해 주식회사
형태로 존속하는 방안을 마련해 주식회사이화학연구소로 새롭게
출발하게 되었으며, 1958년 특수법인 이화학연구소로 다시 태어났

다. 1967년에 사이타마현 와코시로 자리를 옮겼는데 2015년에 국가 연구소 형태로 전환되었다.

계속 탄생하는 이화학연구소 벤처

이러한 부침 속에서도 이화학연구소의 연구 성과를 바탕으로 창업한 이화학연구소 벤처는 계속 탄생하고 있다. 세계 최초로 개의 알레르기 검사를 가능하게 한 기술을 바탕으로 탄생한 동물알레르기검사(주), 유전자 전자동 분석 장치 등을 생산하는 (주)리켄제네시스, ips 세포에서 분화시킨 RPE(망막색소상피) 세포 생산을 통해 망막 관련 난치병인 황반변성 치료에 기대감을 높이고 있는 (주)헤리오스 등이 이화학연구소가 탄생시킨 대표적인 벤처기업이다.

일본 정부는 '잃어버린 20년'이라고 불리는 1990년대의 불황에도 과학 분야 예산을 삭감한 적이 없을 정도로 이화학연구소의 기초 과학 연구를 적극 지원하고 있다. 연구소 직원의 30%가 사무 직원이어서 연구원들은 행정 업무에서 벗어나 기초 과학 연구에만 몰두할 수 있다.

이화학연구소가 과학자의 낙원으로 불리는 이유

이화학연구소가 '과학자의 낙원'이라는 명성을 얻게 된 데는 니시나 요시오 소장의 영향이 컸다. 1923년 독일에서 유학 중이던 니시나는 물리학계의 거장인 덴마크의 닐스 보어 교수에게 "선생님에게 배우는 것이 평생의 소원"이라는 한 통의 편지를 보낸다. 다른 경로로 니시나에 대해 알고 있었던 보어는 그의 요청을 수락했다. 니시나는 세계 최고 수준의 물리학연구소에서 양자 역학을 연구할 수 있게 된 것이다. 5년간의 연구를 마치고 일본으로 돌아왔을 때 니시나는 세계적인 연구자가 되어 있었다. 그리고 유카와 히데키, 도모나가 신이치로 등 노벨상 수상 인재를 키워냈다.

니시나는 연구 분야와 연구자의 입장에 관계없이 철저하게 토론을 거듭하며 연구를 진척시켜나가는 스타일과 관용의 정신인 코펜하겐 정신을 연구실에 도입했다. 유카와 히데키 박사는 "니시나연구실의 분위기는 다른 연구실과는 확연히 달랐다. 출신 대학, 소속 기관, 전공 등 영역 의식은 조금도 찾아볼 수 없었다. 자유로운 분위기에서 열띤 토론이 가능했다"고 당시를 회상했다. 이런 연유로 이화학연구소는 과학자의 천국이라는 별명을 얻게 되고, 일본 과학계의 연구 문화 형성에 크게 기여하게 된다.

이화학연구소는 최근 로이터가 평가한 피인용 상위 연구자에 소속 연구원이 15명이나 포함될 정도로 글로벌 주요 연구 기관 중 최상위권으로 평가됐다. 무엇이 오늘의 이화학연구소를 가능하게 했고, 일본 과학 기술 발달을 가능하게 했는지 들여다볼 필요가 있다.

113번째 원소, 니호늄 탄생까지

2016년 12월 1일. 후쿠오카 시내 호텔에서 일본이 발견한 113번째 원소 이름을 '니호늄nihonium'으로 결정했다는 이화학연구소의 기자 회견이 있었다. 주기율표의 113번째 원소로 원소 기호 'Nh'에 해당하는 새로운 물질을 이화학연구소의 모리타 코스케森田浩介 연구팀이 발견한 것이다. 일본을 의미하는 니호늄으로 명명되자 일본 과학계는 축제 분위기였다. 아시아에서 최초로 원소를 발견한 것이다.

원소 합성, 새로운 도전

주기율표는 화학이나 물리를 공부하면서 누구나 한 번은 배워야 하는, 영어로 말하면 알파벳에 해당하는 기본 중의 기본이다. 1번은 수소인데 번호가 높아지면서 무거운 원소가 되고 92번 우라늄까지 이어진다. 93번부터 인공적인 합성에 의해 만들어진 원소인데 실험 핵물리학자들은 자연계에 존재하지 않는 새로운 원소를 합성하는 데 끝없이 도전해왔다. 모리타 연구팀 역시 마찬가지였다. 야마네

니호늄
일본어 'nihon' + 화학 원소 접미사인 'ium'에서 유래했다.

가즈마山根-真가 《이화학연구소, 100년째의 거대 연구 기관》에서 언급한 모리타 연구팀의 연구 과정이다.

모리타 연구팀은 신원소 발견을 위해 사이타마현 와코시 이화학연구소 본부에 있는 중이온 가속기 시설 RI 빔팩토리를 주로 활용했다. RI 빔팩토리는 여러 개의 원자핵 가속 장치를 연결시켜놓은 다단계 구조다. 마

지막 단계의 장치에서는 원자핵을 빛의 속도의 70%까지 가속시킬 수 있다. 규모는 도쿄타워 무게의 2배에 달한다.

이론적 예측과 어긋난 113번 원소의 붕괴 과정

모리타 연구팀이 113번 원소 합성에 도전한 것은 2003년 9월이었다. 초기 단계에서는 매우 순조롭게 연구가 진행되는 것처럼 보였다. 연구를 시작한 다음 해인 2004년 7월 신원소 합성에 성공한 것이다. 2005년 4월에도 합성에 성공함으로써 2년 만에 두 번이나 합성에 성공하게 된다. 그러나 신원소의 이름을 정하는 권한을 가진 국제순수·응용화학연합IUPAC, 국제순수·응용물리학연맹IUPAP은 일본의 명명권을 인정하지 않았다. 새로운 원소는 합성에 성공하더라도 불안정하기 때문에 짧은 시간에 다시 붕괴되고 마는데 붕괴 과정까지 정확하게 확인되어야 새로운 원소를 발견한 것으로 인정받게 된다. 그런데 113번 원소는 붕괴 과정이 이론적 예측과 어긋나 추가

RI 빔팩토리의 최종 단계 가속기

출처: 이화학연구소 니시나센터

검증이 필요했다. 따라서 일본의 명명권을 인정할 수 없었다.

9년간 400조 번의 실험에 도전하다

그러나 그때부터 113번 원소의 합성이 일어나지 않았다. 7년여의 시간이 지나도 113번 원소 합성에 성공하지 못하자, 모리타 연구팀은 과거 자료에 최신 데이터를 추가해 113번 원소 인정을 요구하려고 했다. 그러던 중 2012년 8월 세 번째 합성에 성공한다. 원소 붕괴 과정도 이론적 추론과 일치하는 결과가 나왔다. 이것이 일본이 발견한 113번째 원소 니호늄이 탄생하기까지의 대략적 줄거리다.

니호늄 탄생 과정의 요약만으로는 신물질 발견이 얼마나 험난한 과정을 거쳤는지 실감하기 어려울 것이다. 조금 더 이야기를 전개해보자. 모리타 박사는 원자핵 충돌 실험을 위해 헬륨가스를 활용한 가리스GARIS라는 분리기를 별도로 개발할 정도로 모든 정력을 쏟아 니호늄 발견에 매진했다. 그러면서도 12년간 400조 번의 실험에서 입자의 충돌을 발견한 것은 단 세 번에 불과했다. "인내심을 갖고 연구를 지속하면 성공할 것"이라고 말하는 것은 쉽지만 12년간 인내심을 유지하는 자세는 높게 평가받아야 할 연구자의 모습이다.

니호늄 탄생을 위해

이화학연구소는 당장의 결과물이 없더라도 연구 지원금을 삭감하지 않고 꾸준히 지원했다. 후쿠시마 원전 사고로 전력 위기가 계속되는 상황에서도 자가 발전 장치에서 생산한 전기로 가리스 분리기를 작동시킬 수 있도록 해주었다. 가리스 분리기는 2메가와트의 전

출처: 이화학연구소 홈페이지

가리스 분리기

기가 필요할 정도의 대형 설비다. 이화학연구소의 다른 연구실은 부족한 전기를 아끼기 위해 실험을 중지하면서까지 모리타 연구팀을 지원할 정도로 협력이 잘되어 있었다. 만약 일본 정부나 사회, 이화학연구소 내부에서 인내심을 갖고 지원하지 않았다면 113번째 원소는 탄생할 수 없었을 것이다. 10년 이상의 장기 프로젝트를 지원하고 결과를 기다릴 수 있는 시스템은 어떻게 가능할까.

TIP

세계 숨부장 기업의 쌍두마차 독일

미텔슈탄트와 히든 챔피언

세계 부품소재 시장은 일본과 독일이 양분하고 있다고 해도 과언이 아니다. 일본은 반도체, 디스플레이를 중심으로 전자 부품에 강점이 있는 반면 독일은 정밀 기계 및 공구, 화학 제품 등에서 세계 시장을 석권하고 있다. 자동차도 두 나라가 세계 시장을 장악하고 있다. 부품소재 강국인 일본과 독일을 비교해보고 우리에게 주는 시사점을 찾아보자.

독일 이야기, 미텔슈탄트와 히든 챔피언

일본과 독일은 비슷한 점이 많다. 세계 3~4위에 달하는 경제 대국이면서 제조업 비중이 높고 경쟁력 또한 매우 강하다. 기업 수도 350만개 내외로 비슷하고 중소기업이 강하다. 가족 기업의 성격이 강하고 장기 근속이 일반화되어 있는 종업원 중심 경영을 하고 있다는 점도 비슷한 부분이다.

비슷한 듯 다른 일본과 독일

굳이 다른 점을 든다면 연방제의 영향으로 독일 기업은 지역 밀착 경향이 강하고 전 지역에 골고루 분포되어 있다는 것이다. 유럽의 중심이라는 지리적 특성으로 수출 비중이 높고 글로벌화 측면에서 앞서 있기도 하다. 일본과 달리 노조의 경영 참여가 제도화되어 있다. 이러한 차이점은 역사적·지리적 환경이 서로 다른 결과이고 최적의 시스템을 만들어가는 과정에서 생겨난 것이다.

　우리는 일본과 독일 경제가 강한 이유를 말할 때 거의 대부분 '강한 중소기업이 있어서'라는 답을 하게 된다. 그리고 장인 정신이 뒷받침되고 오랜 기간 동안 한 우물을 파는 문화가 있어서 누구도 모방할 수 없는 세계적인 경쟁력을 갖게 되었다. 그래서인지 일본이나 독일 모두 우수한 중소기업을 표현하는 용어가 존재한다.

글로벌 니치 톱 vs 히든 챔피언

2014년 일본 경제산업성은 글로벌 니치 톱GNT, Global Niche Top 100대 기

업을 발표했다. 2020년에도 GNT 기업을 모집하고 있는데, 말 그대로 글로벌 니치(틈새) 시장에서 높은 시장 점유율을 기록하는 기업을 말한다. 글로벌 시장에서 10% 이상의 점유율을 기록하는 중소기업 위주로 선정하는데, 대부분 소재·부품·장비를 생산하는 기업이며 소수이긴 하지만 일부 소비재도 포함하고 있다. 2014년에는 소재 20개사, 전기 전자 15개사, 기계 52개사, 소비재 13개사를 선정했다.

일본의 GNT 기업과 비슷한 개념으로 독일에는 히든 챔피언이 있다. 유럽의 피터 드러커로 불리는 독일의 경영학자 헤르만 지몬 Hermann Simon이 히든 챔피언이라는 용어를 사용해 독일 기업이 강한 이유를 설명하면서 우리에게 친숙해진 표현이다.

헤르만 지몬은 세계 시장 점유율 3위 이내 (또는 유럽 1위) 기업으로 매출액은 50억 유로 미만이면서 일반인에게 잘 알려져 있지 않은 기업을 히든 챔피언이라고 불렀다. 대중에게 잘 알려져 있지는 않지만 자기 분야에서 세계 시장을 지배하고 있는 기업을 가리킨다.

히든 챔피언의 반은 독일 기업

헤르만 지몬은 전 세계에 2,746개의 히든 챔피언이 존재하는데 그 중 47%에 달하는 1,307개사가 독일 기업이라고 밝히고 있다. 이어서 미국(366개사), 일본(220개사) 순이며 우리나라 기업은 23개사가 히든 챔피언에 포함되어 있다.

IC 카드용 접착제 시장의 80%를 차지하는 델로Delo, 리튬 등 특수 금속 세계 1위인 케메탈Chemetall, 관상어 먹이의 60%를 점유하는 테트라, 50개국에 신축형 반려동물 목줄을 수출하는 플렉시Flexi,

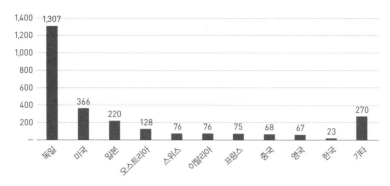

국가별 히든 챔피언 기업 수

인천공항을 포함해 세계 대부분의 공항에 카트를 납품하는 반츨
Wanzl 등 히든 챔피언은 다양한 분야에서 경쟁력을 자랑하고 있다.

한 우물을 판다

히든 챔피언은 경쟁력을 가지고 있는 한 분야에 집중하는 경향이
강하다. 글로벌 컨설팅 기업 롤랜드버거(1967년 설립, 27개국 컨설턴트
2,300명)의 창업자인 롤랜드 버거Roland Berger는 "독일 자동차회사는
다양한 분야의 사업을 하지 않는다. 특히 중소기업은 한 사업에 집
중하는 경향이 더욱 강하다. 한 분야에 집중하는 것이 글로벌 시장
공략에서도 유리하다. 한편 일본 기업은 사업 다각화를 선호하는
경향이 있다"고 언급했다.

　히든 챔피언의 첫 번째 조건이 세계 시장 점유율 3위 이내 기업인
데서 알 수 있듯이 이들 기업은 수출 비중이 매우 높다. 평균 매출
액 4,300억 원의 62%를 수출을 통해 벌어들이고 있으며 세계 시장
점유율은 평균 33%에 달한다.

수출에서 활로를 찾다

독일은 히든 챔피언뿐 아니라 일반 중소기업도 수출에 매우 적극적이다. 이러한 흐름은 1989년 베를린 장벽이 허물어지고 다음 해 통일을 하면서 독일 경제가 침체에 빠진 1990년대에 시작되었다. 독일은 통일 과정에서 25% 정도의 가치에 불과했던 동독 화폐를 일대일로 교환해주었다. 그만큼 수출품의 가격 경쟁력이 약화될 수밖에 없었다. 거기에다 취약한 서비스 산업과 고비용 체질이 겹치면서 독일 제품은 경쟁력을 잃게 되었고, 저출산 고령화가 겹쳐 내수 시장 부진도 계속되었다. 급기야 독일은 '유럽의 환자Sick man of Europe'라는 조롱을 받을 정도였다.

독일 기업은 해외에서 활로를 찾았다. 정부와 기업이 하나가 되어 해외 시장의 문을 두드렸으며 이러한 경향은 리먼브라더스 파산으로 촉발된 글로벌 금융 위기 과정에서 더욱 강화되었다. 지금은 독일 전체 중소기업의 약 10%에 달하는 34만 개 기업이 수출을 하고 있으며 수출 기업은 평균 16개국과 거래를 한다. 전체 중소기업에서 수출하는 기업의 비중을 보면 우리나라는 2.5%, 일본은 2.8%다. 독일 중소기업이 얼마나 글로벌화되어 있는지 알 수 있는 대목이다.

독일 대기업 직원의 58%는 해외에서 근무하고 있으며, 해외 경험이 없으면 입사 시험에서 합격할 가능성이 거의 없다. 독일 기업 경영자의 30%는 외국인이고, 우수한 인재를 확보하기 위해 유학생에게 학비 무료 혜택을 주고 있다.

독일에서의 생산을 고집하는 이유

독일이 수출을 통해 경제의 활력을 되찾을 수 있었던 배경에는 기술력, 우수한 품질 등 독일 기업의 경쟁력이 있었기에 가능했다. 단순한 모방에서 벗어나 이노베이션을 통해 자체 기술로 차별적인 제품을 만들어 세계 시장에 진출했다. 경쟁 기업의 기술 도용을 방지하기 위해 특허로 기술을 보호하고, 가능하면 독일에서 생산한다. 해외에 진출할 때도 100% 자회사 형태를 선호한다. 청동 베어링 업체 뵈그라BÖGRA도 독일에서만 생산한다.

청동 베어링은 엔진의 피스톤 운동을 회전 운동으로 변환시켜주는데 엔진에서도 부하를 많이 받는 부분에 쓰인다. 독일에서도 2개기업만 대량 생산이 가능할 정도로 기술력이 요구되는 중요한 부품이다. 뵈그라는 폭스바겐에만 연간 1,000만 개 정도를 납품하고 있다. 출력이 높은 터보 디젤은 뵈그라 제품만 사용하고 있다. 뵈그라는 완성차 메이커가 해외 생산을 늘리는 와중에도 독일 내 생산만 고집하고 있다. 기술 유출을 우려하기 때문이다.

> **청동**
> 구리와 주석의 합금으로 인장 강도가 높아 하중이 높은 부분에 주로 쓰인다.

미텔슈탄트

"왜 독일이 강한가?"라는 질문에 독일 사람들은 히든 챔피언을 필두로 한 미텔슈탄트Mittelstand의 파워 덕분이라고 답한다. 미텔슈탄트는 독일의 중소기업을 가리킨다. 독일을 풍요로운 국가로 이끌어준 중산 계급이라는 존경의 뜻이 내포되어 있다. 독일의 산업화 과정에서 농업과의 겸업 형태로 수공업을 영위하던 직인들이 미텔슈탄트로 진화했다. 마이스터로 불리는 고기능 장인들이 고품질의 제품을 생산했다.

그러나 독일 산업화 역사는 그리 길지 않다. 독일이 본격적으로 발전한 것은 제임스 와트가 증기 기관을 발명하고 약 100년이 지난 후부터다. 보불전쟁(1870~1871)에서 독일이 승리하고 배상금으로 받은 50억 프랑으로 철도 등 사회 인프라를 확충하기 시작했다. 이를 통해 철강 같은 중공업이 발전했고, 화학 및 기초 연구에 집중 투자를 하면서 급속한 발전이 가능했다.

'메이드 인 저머니Made in Germany'라는 원산지 표기는 품질이 떨어지는 독일 제품을 쉽게 알아보기 위해 1887년 영국이 요구를 해서 시작한 것이다. 19세기 후반까지만 해도 독일의 산업화는 많이 뒤떨어져 있었다. 그러나 지금의 독일은 누구나가 신뢰할 수 있는 고품질, 하이테크의 대명사가 되어 있다.

계열이 없다, 부실 기업이 없다

독일인들은 스스로 중소기업의 나라라고 부른다. 전체 중소기업 수를 보면 독일이나 일본이나 우리나라나 큰 차이가 없는데 자랑스럽게 중소기업의 나라라고 한다. 나는 그 이유를 독일에는 계열이 없기 때문이라고 생각한다.

대기업에 의존하고 생산만 담당하는 경우가 많은 우리나라나 일본과 달리 독일의 중소기업은 생산은 물론 전략·기획·연구·마케팅·수출 등 모든 경영 활동을 스스로 해야 한다. 독자적으로 경영하고 생존해야만 하는 것이다.

독일에는 부실 기업 지원 제도가 없다. 만약 중소기업이 부실해지면 정부의 어떤 구제도 받을 수 없고 자동 퇴출된다. 대기업에 의존하지 않고 정부의 지원을 기대할 수 없다면 중소기업의 생존 능력은 매우 강해질 것이다. 이는 수익성 증가로 나타난다. 혹자는 독일 중소기업이 전부 흑자를 기록하고 있다고 보기도 한다.

독특한 직업 훈련 제도, 듀얼 시스템

무엇이 오늘의 독일을 가능하게 했을까? 먼저 독일의 독특한 직업 훈련 제도인 듀얼 시스템을 들 수 있다. 듀얼 시스템은 기업의 직업 훈련과 직업학교의 이론 교육을 결합한 인재 육성 제도다. 의무 교육 졸업자의 약 55%가 듀얼 시스템에 의한 직업 교육을 받는다. 일주일에 3일은 기업에서 실습하고 2일은 학교에서 이론 교육을 받는데 전문 분야의 기능은 물론 이론적 기초를 겸비한 숙련 노동자 양성을 목적으로 한다.

이를 듀얼 시스템이라 부르는 데는 3가지 정도의 듀얼이 겹치기 때문이다. 직업학교와 민간 기업, 이론 교육과 실습 교육, 연방 정부와 주 정부가 결합해 교육 시스템을 운영하는데 직업학교 교육은 주 정부가, 기업의 현장 실습은 연방 정부가 담당하고 있다.

대학 교육도 기업의 인력 수요와 잘 연결되어 있다. 독일 대학은 학비가 무료여서인지 학생들이 대학 교육 기간에 별로 구애를 받지 않는다. 기업 인턴과 대학을 몇 번 왕복하면서 30세 정도 되어 적성에 맞는 직업을 선택하는 것이 일반적이다. 기업 입장에서도 인턴

등 예비 과정을 거쳐 채용하는 것을 선호하기 때문에 이러한 시스템이 잘 유지되고 있다. 특히 독일 대학은 주 정부가 관할하므로 대학과 지방 기업의 협력 관계가 매우 강하다.

응용 연구의 본산, 프라운호퍼연구소

독일의 연구 시스템은 큰 틀에서 보면 2개의 연구 기관이 중추적인 역할을 하고 있다. 기초 연구를 주로 하는 막스플랑크연구소와 응용 연구를 주로 하는 프라운호퍼연구소가 그 주인공이다. 기업은 프라운호퍼연구소와 공동 연구를 하는 것이 일반적이다.

프라운호퍼연구소는 1949년에 설립되었으며 67개 연구소로 구성된 유럽 최대의 응용 연구 기관이다. 연구소 미션에도 '응용 연구를 통해 민간 기업 및 공공 기업의 이익을 지원한다'라고 되어 있을 정도로 응용 연구를 전문으로 한다. 연구소장의 절반 이상은 주변 대학의 교수들이 겸임하고 있다. 박사과정 이하 연구 학생은 6,400명 정도인데 매년 500명 정도가 산업계로 이동한다. 자연스럽게 대학+연구소+민간 기업의 산학연 네트워크가 형성되는 구조다.

산학연 네트워크

프라운호퍼연구소는 민간 기업의 수요를 반영한 연구를 위해 민간 기업과 매칭 펀드로 연구 예산을 배분하고 있다. 민간 기업이 연구비의 일정 부분을 부담해야만 연구 예산을 지원하는 시스템이다. 그래서인지 연구소 수입의 50% 이상은 중소기업과의 협력에서 발생할 정도로 기업과 밀접한 연구를 추진하고 있다.

1980년대까지 개별 기업에게 연구 예산을 지원했으나, 지금은 '중소기업+연구소+대학'이 컨소시엄을 형성한 산학연 프로젝트로 세계적인 기술 제품을 창출할 수 있는 프로젝트에만 연구 예산을 집중하고 있다.

영화 촬영용 카메라, 조명, 렌즈 분야의 세계 리더 기업으로 뮌헨에 본사를 둔 아리Arri는 프라운호퍼연구소의 전문 기술을 사용해 아날로그에서 디지털 기술로의 전환에 성공했다. 프라운호퍼연구소의 응용 기술 지원이 기업의 경쟁력으로 직결되고 있는 것이다.

지역 균형 발전과 수도권 집중

독일의 대기업은 국가 전역에 걸쳐 골고루 분산되어 있다. 〈포춘〉 글로벌 500에 포함되어 있는 독일 기업 28개를 지역별로 보자. 뮌헨에 지멘스와 BMW 등이 4개사로 가장 많이 분포하고 있다. 슈투트가르트의 벤츠, 볼프스부르크의 폭스바겐, 레버쿠젠의 바이엘 등

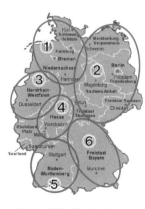

① 함부르크 지역
유럽 상업·무역의 중심지

② 베를린·동독 지역
정치·미디어 중심지

③ 노르트라인베스트팔렌주
철강·화학·에너지 기업 집중

④ 헤센주
금융 중심지, 제약·화학 발달

⑤ 바덴뷔르템베르크주
자동차·기계·IT 산업 중심지

⑥ 바이에른주
전기·자동차·기계 중심지

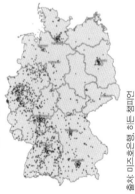

출처: 미즈호은행, 히든 챔피언

독일의 지역별 산업 집적 분포   히든 챔피언 지역 분포

철저히 분산되어 있다. 수도 베를린에 본사가 있는 기업은 도이체반 한 곳에 불과하다. 57개사 중 41개사가 도쿄에 몰려 있는 일본이나 대부분의 본사가 서울에 몰려 있는 우리나라와 차이가 있다.

이러한 배경으로는 1871년 비스마르크에 의해 통일되기까지 약 40개의 독립 국가로 구성된 느슨한 국가 연합체에 불과했던 독일의 역사와, 이 같은 특수성에 기인해 지금도 지역색이 강하게 살아 있는 16개 주의 연방으로 구성되어 있는 점을 들 수 있다. 주 정부는 헌법, 광범위한 자치권과 입법권을 가지고 있다. 또한 산업 발전과 기업 지원에서도 적극적인 역할을 한다. 주 정부를 중심으로 산학연 연구 등 협력 네트워크가 체계적으로 이뤄지는 셈이다.

지방 발전의 핵심, 산업 클러스터

독일의 주 정부는 1990년대 말 하버드대학 마이클 포터 교수가 산업 클러스터를 주창한 이후 지방 중소기업 지원 움직임을 더욱 체계화했다. 예를 들면 벤츠, 포르쉐의 본사가 있는 슈투트가르트 지역은 슈투트가르트대학과 자동차 부품 기업 간 공동 연구가 더욱 활발해졌고, 괴팅겐대학은 수학과 교수들이 중심이 되어 계측 기기 클러스터 형성을 주도하기도 했다. 시계 산업이 전통적으로 발달한 서남부의 소도시 투틀링엔은 정밀 공학으로의 발전을 거쳐 지금은 의료 기기 집적지로 발전했다.

독일 기업이 지방에 뿌리를 내리고 있어서인지 글로벌 금융 위기 등 경영 여건이 악화되었을 때도 종업원을 거의 해고하지 않았다. 노동 시간 저축 제도, 정부의 조업 단축 보조금 등을 활용해 고

용 유지에 힘썼다. 노조원이 200만 명을 넘는 독일서비스노조연맹
도 성과급제 도입과 임금 동결에 합의하는 등 경영 위기 극복을 위
해 힘을 보탰다. 이러한 노력의 결과 독일 기업은 숙련 노동자를 유
지할 수 있었고 경제가 호전되었을 때 더욱 빨리 회복할 수 있었다.

독일 기업의 95%는 가족 경영

지방에 뿌리를 둔 것과 같은 맥락으로 독일에는 가족 경영 기업이
대부분이다. 독일 기업의 95%가 가족 경영 기업이고, 85%는 직접
경영에 참여하고 있다. 상장기업
의 반 정도가 가족 기업인 일본보
다 그 비중이 훨씬 높다. 가족 기
업의 대부분은 주식회사가 아니
라 비상장기업인 유한회사GmbH 형
태를 유지하고 있다. 따라서 단기
성과에 치우치지 않고 중장기적인
경영 계획을 추진할 수 있으며 이
익의 많은 부분을 재투자해 R&D
경쟁력을 확보할 수 있다. 이러한
기업 중 패밀리 기업 성격이 강하
게 남아 있고, 세계적인 명성을 보
유한 대표 기업이 보쉬Bosch도 대
표적 가족 경영 기업이다.

보쉬

1886년 미국에서 귀국한 로버트 보쉬가 발
전기용 점화 플러그를 생산하면서 시작했
다. 475억 달러(52억 원, 2017년 기준)의 매
출을 기록하는 세계 최대 자동차 부품 기업
으로 비상장 유한회사의 형태를 유지하면
서도 소유와 경영을 완전히 분리했다. 로버
트보쉬재단이 모기업인 로버트보쉬유한회
사 지분의 92%를 보유했다. 재단은 의결권
을 행사하지 않고, 경영신탁법인 로버트보
쉬산업에 의결권을 위임했다. 창업자 보쉬
가문은 나머지 지분 8%와 의결권 7%만 소
유했다. 보쉬 가문의 후손이라고 해도 이사
회에서의 특별한 권한이나 우대는 없으며,
누구나 72세가 되면 자리에서 물러나야 한
다. 가전 분야는 1967년 지멘스와 합작법
인으로 BSH Hausgeräte Gmbc(BOSCH
SIEMENS의 이니셜)를 설립해 유럽 최대의
가전업체로 성장했다. 2014년 지멘스의 지
분을 모두 인수해 현재 보쉬그룹 자회사에
속한다.

일본의 대표적 가족 기업

토요타(토요다), 파나소닉(마쓰시타), 캐논(미
타라이), SUNTORY(도리이, 사지), 기코망
(모기) 등이다.

노동자의 경영 참여, 공동 결정법

독일 기업의 특징 중 빼놓을 수 없는 것이 노동자의 경영 참여다. 독일은 사회민주당SPD의 헬무트 슈미트 총리 집권 시절이던 1976년에 종업원 및 노조 대표들이 회사 경영에 참여할 뿐 아니라 투명 경영을 감독하도록 하는 공동 결정법을 제정했다. 독일의 이사회는 경영이사회와 감독이사회의 이중 구조로 되어 있다. 경영이사회는 일반적인 이사회를 이야기하고 감독이사회는 사외이사로 구성된 이사회다. 감독이사회는 경영이사회 구성원의 임면권과 M&A 등 주요사항에 대한 동의권을 가지고 있다. 2004년에는 다임러크라이슬러 경영이사회가 의결한 미쓰비시자동차 지원 방안을 감독이사회가 거부하기도 했다.

사회적 시장 경제

경영이사회를 감독하는 감독이사회에 종업원과 노동조합 대표가 참여함으로써 자연스럽게 노조의 경영 참여가 가능해지는 구조다. 종업원이 2,000명을 초과하면 2분의 1을, 500~2,000명이면 3분의 1을 종업원이나 노동조합 대표로 구성해야 한다. 노동자의 경영 참여는 2차 세계대전 종료로 노동조합을 강제로 해산시켰던 나치 정권이 붕괴되면서 '질서 있는 자유주의' 사고가 확산됨에 따라 도입된 제도다. 그래서인지 독일 경제를 사회적 시장 경제로 부르기도 한다.

우리의 모델은

일본과 독일은 세계 부품소재 시장을 선도하는 국가다. 그 중심에는 높은 기술력과 장인 정신으로 무장된 강한 중소기업이 존재한다. 그래서인지 일본과 반도체 소재 수출 규제로 무역 마찰이 발생하자 독일 기업에 대한 관심이 더욱 높아졌다. 일본과 독일, 우리의 모델은 어느 쪽일까? 아니면 새로운 한국형 모델이 필요한 것일까? 정부, 기업, 연구소, 대학, 노동자 등 모든 경제 주체가 한 번쯤 진지한 고민을 해야 할 시점이다.

2부

일본 소부장 기업의 혁신 사례

TOPPAN | DNP

돗판과 다이닛폰,
만화 출판에서 첨단 부품 기업으로

구분	돗판인쇄	다이닛폰인쇄
본사	도쿄도 치요다구	도쿄도 신주쿠구
대표이사	마로 히데하루唐秀晴	기타지마 요시나리北島義斉
주요 품목	종합 인쇄, 전자 부품	종합 인쇄, 전자 부품
설립 연도	1900년	1876년
종업원	5만 51,712명	3만 8,051명
자본금	1,050억 엔	1,145억 엔
매출액	1조 4,860억 엔	1조 4,019억 엔
영업 이익	664억 엔	562억 엔
영업 이익률	4.1%	4.0%

*2020년 3월기 연결 결산 기준, 억 엔 이하는 반올림

신입 사원 시절 설명회 자료 발간을 위해 충무로 부근의 인쇄소를 방문했던 적이 있다. 그때의 허름했던 인쇄소에 대한 기억 탓일까? 인쇄소라고 하면 윤전기가 돌아가는 어두운 공장의 느낌과 함께 치열한 경쟁을 해야 하는 중소기업의 모습이 먼저 떠오른다. 그 후 나는 인쇄업은 영세하다는 이미지를 가지게 된 것 같다. 21세기에 들어 출판 인쇄 시장이 반으로 줄어들 정도로 디지털화가 진행되고 있고, 탈脫인쇄 흐름이 확산되면서 인쇄업을 더욱 어렵게 하고 있다.

세계 최대 인쇄 기업의 100년 전쟁

그런데 인쇄업에서 출발해 약 15조 원의 매출을 올리고 있는 세계 최대의 종합 인쇄 기업, 100년 이상의 역사를 가진 장수 기업이 일본에 두 곳이나 있다. 돗판인쇄凸版印刷와 다이닛폰인쇄大日本印刷, DNP가 그 주인공이다.

2004년까지는 다이닛폰인쇄가 매출액에서 앞섰으나 2005년 돗판인쇄에게 역전을 허용했고 이후 돗판인쇄가 앞서나가고 있다. 2019년 매출액을 보면 돗판인쇄가 1조 4,860억 엔, 다이닛폰인쇄가 1조 4,019억 엔으로 돗판인쇄가 약간 앞서고 있지만 그 차이는 841억 엔에 불과하다. 두 기업은 사업 분야가 상당 부분 겹치고 매출 규모도 차이가 나지 않아서 더욱 치열한 경쟁을 펼치고 있다. 인쇄에서 시작해 IC 카드, 건자재, 포토 마스크, 컬러 필터로 경쟁 분야를 확대하고 있다. 인쇄업계에서는 두 기업의 경쟁을 '100년 전쟁'이라고 표현할 정도다. 우리나라의 삼성과 LG같이 서로 경쟁하면서 어느덧 세계적인 기업으로 성장한 것이다.

140년 전통의 다이닛폰인쇄

회사 설립은 다이닛폰인쇄가 먼저다. 일본 최초의 일간 신문 〈요코하마 마이니치신문〉(1870)이 발간되면서 전국적으로 인쇄소가 확산되는 시기인 1876년에 에도 막부의 관료였던 사쿠마 데이이치佐久間貞一 등이 도쿄 긴자에 슈에이샤秀英舍라는 인쇄소를 설립했다. 1935년에 닛신인쇄日淸印刷와 합병하면서 다이닛폰인쇄로 회사명을 변경한다.

슈에이샤는 신문 발행 등 사업이 순조롭게 확장되자 그때까지 빌려서 사용했던 활자를 자체적으로 보유해야 할 필요성이 커져 직접 활자체를 만들었다. 이것이 슈에이 폰트다. '슈에이샤'라는 이름은 없어졌지만 슈에이 폰트는 일본의 대표적 국어 사전인 《고지엔廣辭苑》에 채택될 정도로 지금도 널리 쓰이고 있다.

120년 전통의 돗판인쇄

한편 돗판인쇄는 1900년 우리의 기획재정부에 해당하는 오쿠라쇼大蔵省 인쇄국 퇴직 기술자들이 중심이 되어 설립했다. 메이지유신 이후 오쿠라쇼는 유럽의 첨단 인쇄 기계를 도입하면서 인쇄 기사도 동시에 초빙했다. 그런 연유로 오목판 기술의 대가인 에도아르도 코소네Edoardo Chiossone라는 이탈리아인 인쇄 기사도 오쿠라쇼에서 근무하게 되었다. 도쿠마루 소야德丸莊也가 쓴 《돗판인쇄 e의 진화론》에 실린 글을 보자.

17년간의 오쿠라쇼 근무를 마친 코소네는 퇴직 후에 코소네인쇄소를 설립했다. 코소네인쇄소는 청나라 우표 인쇄 수주에 성공하는 등 순조롭게 출발하는 것처럼 보였으나, 일본과 청나라의 관계가 악화되면서 인쇄소 경영이 어려워지고 코소네는 일본에서 생을 마감했다. 코소네가 사망한 이후 문하생들인 오쿠라쇼 인쇄국의 인쇄 기사들이 중심이 되어 설립한 회사가 돗판인쇄다. 설립 당시 유가 증권을 인쇄할 정도로 고도 기술이라는 점을 전면에 내세우기 위해 회사 이름에 돗판을 포함시켰다.

포토 마스크 개발, 만화 출판에서 첨단 부품 기업으로 변신

1950년대에 들어서면서 인쇄업은 큰 변화를 맞이한다. 다이닛폰인쇄는 1951년을 제2의 창업으로 천명하면서 건자재 및 포장 분야에 진출했다. 그러나 정말 중요한 변화는 1959년에 발생한다. 돗판인쇄가 트랜지스터라디오용 반도체에 필요한 포토 마스크 제작에 성공한 것이다. 마침 같은 해에 다이닛폰인쇄도 포토 마스크 시제품 개발에 성공한다. 인쇄에서 경쟁이 포토 마스크로 옮겨온 셈이다.

출처: 돗판인쇄 홈페이지

포토 마스크

돗판인쇄는 유가 증권 제판 기술을 활용해서 메탈 플레이트 필터를 발표했는데, 이 기술을 눈여겨보고 있던 NEC, 소니 등이 포토 마스크 제작을 의뢰해왔다. 돗판인쇄가 포토 마스크 제작에 성공하자 도시바, 히타치, 미쓰비시전기 등 일본의 전자

업계로부터 주문이 밀려들었다. 반도체와의 만남은 인쇄업에 치중했던 돗판인쇄에 큰 변화를 불러일으켰다.

앞서거니 뒤서거니 하면서 전자 부품 분야의 경쟁이 계속되다가 2005년에 돗판인쇄가 듀폰에서 포토 마스크 사업을 인수하자 세계 1위 포토 마스크 기업으로 도약하게 되었다. 전체 매출에서도 돗판인쇄가 앞서 나갔다. 현재 돗판인쇄는 IBM, 다이닛폰인쇄는 인텔과 협력 체제를 맺고 있어 두 회사의 경쟁은 IBM과 인텔의 대리전 양상까지 보이고 있다.

돗판인쇄와 컬러 필터

컬러 필터는 디스플레이의 화질을 결정하는 가장 중요한 부분인데 돗판인쇄가 세계 시장의 50% 정도를 장악하는 독주 체제가 이어지고 있다. 돗판인쇄는 1971년 비디오카메라용 필터를 개발하면서 컬러 필터 시장에 진출했는데 1980년대 후반에 안료 분산법을 확립하고, 유리 기판을 회전시키지 않고 코팅하는 무회전 코팅 기술을 개발하면서 세계 시장을 석권하기 시작했다.

무회전 코팅 기술 개발 전에는 유리 기판을 회전시키면서 코팅하는 기술이 일반적이었다. 회전 코팅 과정에서 이물질이 혼합되어 불량이 쉽게 발생했고 고가 원료인 레지스트가 낭비되는 등의 문제점이 있었다. 돗판인쇄가 무회전 코팅 기술 개발

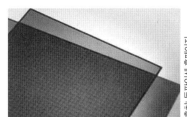

출처: 돗판인쇄 홈페이지

컬러 필터

을 통해 불량 발생률을 대폭 줄이고 생산 비용을 큰 폭으로 낮춤으로써 컬러 필터 시장에서 돗판인쇄의 지위는 더욱 견고해졌다. 디스플레이 기업이 자체 생산하는 컬러 필터를 제외하면, 돗판인쇄가 세계 시장의 50%를 차지할 정도로 컬러 필터 시장에서 절대적 우위를 확보하고 있다.

다이닛폰인쇄의 섀도 마스크

컬러 필터에서 돗판인쇄가 앞서고 있다면 섀도 마스크에서는 다이닛폰인쇄가 한 발 앞서고 있다. 다이닛폰인쇄는 1958년 일본 최초로 TV용 섀도 마스크 제작에 성공하면서 전자소재 분야에 진출했다. 섀도 마스크 생산이 가능해지면서 일본에 컬러TV 시대가 도래했으니 얼마나 중요한 부품인지 알 수 있을 것이다. LCD, OLED로 변화하면서도 이들 기업의 영향력은 계속 유지되고 있으며, 우리나라는 일본에서 거의 전량을 수입하고 있다.

탈인쇄에서 확인쇄로

이들 인쇄 기업의 움직임은 여기에 머물지 않는다. 인쇄업 자체의 미래가 그리 밝지 않고, 이들 기업이 관련 분야로 사업을 다각화하면서 탈脫인쇄라는 표현이 등장하고 있다. 그러나 이들 기업에게는 탈인쇄가 아니라 확擴인쇄라는 표현이 더 어울린다. 인쇄에서 탈피하는 것이 아니라 인쇄에서 축적한 기술의 연장선상에서 관련 분야로 확산해나간다는 의미다. 이러한 확인쇄는 디지털 시대에도 멈추지 않고 있다. 2018년 2월 다이닛폰인쇄는 피부에 붙일 수 있는 스

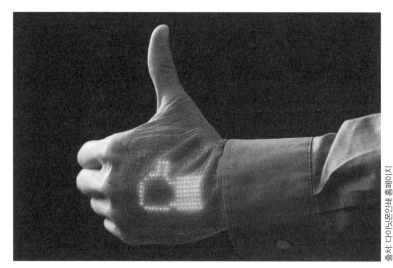

출처: 다이닛폰인쇄 홈페이지

스킨 디스플레이

킨 디스플레이를 도쿄대학과 공동 개발했다고 발표했다. 마이크로 LED를 1mm 정도의 얇은 고무 시트에 장착한 것으로, 45% 정도 신축과 팽창을 반복해도 전기적·기계적 성능이 유지된다. 영화에서 나 나올 법한 장면들이 생각보다 훨씬 빠르게 우리 앞에 펼쳐지고 있는 것이다.

의료 기기로, 자동차 부품으로

다이닛폰인쇄의 확인쇄는 자동차 분야로도 확산되고 있다. 전기 자동차의 무선 충전용 코일을 종래 무게의 4분의 1 정도로 가볍게 만든 것이다. 반도체에서 축적한 기술을 활용해 전선을 감는 종전의 방식 대신 시트에 코일을 직접 인쇄하는 방법을 택했다. 자동차 기술에서 가장 중요한 키워드 중 하나가 경량화인데 코일 무게를 4분

무선 충전용 코일

의 1로 줄였으니 자동차 기업의 발길이 끊이질 않고 있다. 매출 규모는 우리나라 50대 기업 정도에 해당한다. 두 기업이 생산하는 포토 마스크, 컬러 필터, 섀도 마스크가 없으면 우리의 주력 산업인 반도체, 디스플레이 생산에 지장이 발생한다.

우리의 저력, 세계 최초의 목판 인쇄와 활판 인쇄

우리나라는 목판 인쇄와 활판 인쇄 모두 세계 최초의 기록을 보유하고 있다. 불국사 석가탑 해체 과정에서 발견된 《무구정광대다라니경》은 세계에서 가장 오래된 목판 인쇄본이다. 석가탑은 불국사가 세워진 751년에 건립되었으므로, 석가탑의 《무구정광대다라니경》이 발견되기 전까지 770년경 만들어져 세계 최고의 목판 인쇄로 알려진 일본의 《백만탑다라니》보다 앞선 것이다.

1377년 청주 흥덕사에서 금속 활자로 인쇄된 《직지심체요절》은

구텐베르크가 인쇄한 《성서》보다 훨씬 앞서 있다. 《직지심체요절》
은 프랑스 국립도서관에 소장되어 있다. 프랑스 국립도서관 연구원
이던 박병선 박사가 《직지심체요절》 하권을 발견했고, 1972년 '세계
도서의 해' 기념 도서전시회에서 처음 공개했다. 2001년에는 유네
스코 세계문화유산으로 등재되면서 세계 최초 활자 인쇄본으로 공
인을 받았다.

지금 우리에게 필요한 것은

세계 최초의 목판 인쇄본인 《무구정광대다라니경》, 금속 활자 인쇄
본인 《직지심체요절》을 만들어낸 우리의 첨단 문화는 왜 역사로만
존재할까. 선진 기술을 보유한 우리의 장인들을 사회적으로 인정하
고 장려하는 문화가 있었다면 우리의 인쇄술은 지금 어떤 모습을
하고 있을까. 과연 인쇄술이 디스플레이 산업이나 반도체 산업에서
어떠한 역할을 하고 있을까.

비단 인쇄술에 국한되는 문제만은 아니다. 대한민국이라는 국가
의 역량과 위상이 선진 대열에 올라선 지금, 사회 각 분야에서 활약
하는 인재를 존중하고 재능을 인정하고 계승하는 사회적 분위기가
어느 때보다 필요한 시점이다.

All for dreams

니혼덴산,
M&A 성적표 63승 무패의 신화

본사	교토부 교토시 남구 쿠제토노시로초 338번지
대표이사	나가모리 시게노부
주요 품목	정밀 모터 전반
설립 연도	1973년
종업원	10만 8,906명
자본금	878억 엔
매출액	1조 5,348억 엔
영업 이익	1,103억 엔
영업 이익률	7.2%

*2020년 3월기 연결 결산 기준, 억 엔 이하는 반올림

63승 무패, 모든 M&A를 성공

63승 무패, 니혼덴산의 나가모리 시게노부永守重信 회장이 2019년 4월 냉장고용 컴프레서를 생산하는 독일 기업 세콥Secop을 매각하기 전까지 기록했던 M&A 성적표다. 니혼덴산은 모든 M&A를 성공시켜 왔고, M&A를 빼고는 니혼덴산의 성공을 설명할 수 없다. 세콥을 매각하게 된 것도 경영 실패라기보다 유럽위원회가 세콥의 매각을 조건으로 엠브라코(월풀의 컴프레서 사업) 매수를 승인했기 때문에 어쩔 수 없었던 상황을 감안하면 아직도 무패 행진은 계속되고 있다.

나가모리 회장은 교토의 직업훈련대학 전기과를 수석으로 졸업하고 음향 기기 회사인 티악TEAC에서 6년간 근무한 후 1973년에 본인을 포함한 단 3명으로 니혼덴산을 창업, 정밀 소형 모터를 생산하기 시작했다. 46년이 지난 2019년 니혼덴산의 매출액은 1조 5,348억 엔, 영업 이익은 1,103억 엔에 달하는 세계 최대 모터 생산 기업으로 성장했다. 이렇게 성장할 수 있었던 배경은 적절한 시기에 모든 M&A를 성공시켰던 나가모리 회장의 탁월한 경영 능력을 제외하고는 설명하기 힘들다.

하드 디스크 드라이브용 모터 시장 80% 장악

니혼덴산은 1980년대 중반 하드 디스크 드라이브 시장을 선점하면서 오늘의 기초를 마련했다. 당시에는 컴퓨터 기억 장치로 플로피 디스크가 대부분이었는데, 후발 기업인 니혼덴산의 나가모리는 경쟁이 치열한 플로피 디스크 시장보다 하드 디스크 드라이브 시장에 가능성이 있다고 판단하고 처음부터 하드 디스크 드라이브용 모터

니혼덴산의 출발점 하드 디스크 드라이브

출처: 니혼덴산 홈페이지

시장에 집중했다. 그의 판단은 적중했다. 하드 디스크 드라이브 분야는 시장이 형성되는 초기 단계여서 샘플이 완벽하지 않아도 기술 지도를 받아가면서 대응할 수 있었기 때문이다.

당시에는 하드 디스크 드라이브의 규격이 통일되어 있지 않아서 기업별·모델별로 베어링 및 자석을 바꿔야 했다. 평생을 새벽 5시 50분에 샤워와 함께 시작할 정도로 천성이 부지런한 나가모리는 밤샘을 하면서까지 설계, 금형 제작 등 복잡한 요구를 해결하고 고객을 확보해나갔다. 개인용 PC 시장의 팽창을 예측한 나가모리는 대형 설비 투자를 통해 하드 디스크 드라이브용 모터 시장을 선점하게 되었다. 지금도 니혼덴산은 전 세계 하드 디스크 드라이브용 정밀 모터 시장의 80%를 장악하고 있다.

M&A를 통한 기술 확보

하드 디스크 드라이브 시장의 확대와 함께 순조롭게 사업을 펼쳐가던 니혼덴산에 우려의 분위기가 감돌게 된 것 또한 하드 디스크 드라이브 때문이다. 1990년대 중반에 접어들면서 하드 디스크 드라이브의 기억 용량이 급증하면서 대용량의 하드디스크를 읽어 들이려면 유체동압베어링FDB이라는 안정적으로 고속 회전이 가능한 기술이 필요했다. FDB 기술이 주류가 될 것으로 예측되는 상황에서 니

130

혼덴산의 볼베어링 기술만으로는 대응에 한계가 있었던 것이다.

기술 확보를 위해 M&A를 선택할 수밖에 없게 된 니혼덴산은 1995년에는 무단 변속기와 계측 기기를 생산하는 신포공업을, 1997년에는 닛산자동차 계열의 계측 기기 메이커인 토속Tosok과 프레스기 제조 업체인 쿄리공업京利工業을, 1998년에는 광학 기기 업체인 코팔Copal을, 2003년에는 산쿄정기제작소三協精機製作所를 연이어 인수하게 된다. 기술을 확보한 니혼덴산은 2001년 FDB 양산을 시작할 수 있었다. 2003년에는 품질 합격률을 거의 100%까지 끌어올림으로써 FDB를 둘러싼 기술 위기를 무난히 극복했다.

M&A를 통해 기술력을 확보하는 전략은 대부분 기업에서 추진하는 일반적인 경영 방식의 하나다. 그러나 니혼덴산의 M&A, 아니 나가모리의 M&A에는 특별한 것이 있다.

기술을 가지고 있는 부실 기업 인수, 단기간에 정상화

일반적으로 M&A의 목적은 산업 흐름을 선도하기 위해 그 분야에서 가장 유망한 기업을 인수하는 것과, 경영상 어려움에 직면한 기업을 인수해 재생시킴으로써 기업 가치를 높이는 것으로 구분할 수 있다. 나가모리가 인수한 기업은 거의 대부분 경영상 어려움에 처한 후자에 해당한다.

나가모리는 종업원을 거의 해고하지 않고 기존 직원들의 힘으로 경영을 정상화시킨다. 그는 혁신을 주도하지만 비상임으로 급여를 받지 않는다. 니혼덴산이 파견하는 인력은 임원 두세 명에 불과하고 경영이 정상화되면 다시 복귀한다. 철저한 비용 절감을 추진하고 단기간에 흑자로 전환시킨다. 그 결과는 '63승 0패'에서 알 수 있듯이 모두 성공했다.

M&A 성공은 의식 개혁에서 출발

2003년에 인수한 산쿄정기제작소의 사례로 나가모리식 혁신을 들여다보자. 나가모리는 직원들의 자발적 참여를 통해 적자 기업을 흑자로 탈바꿈시킨다. 경영을 정상화시키려면 직원들의 의식 개혁이 가장 중요하고 의식 개혁만이 경영 정상화를 가져올 수 있다고 생각하기 때문에 가장 먼저 의식 개혁부터 시작했다. 먼저 이세 마사오미伊勢雅臣가 《세계가 칭찬하는 일본 경영》에서 말하는 나가모리식 의식 개혁이다.

나가모리는 산쿄정기제작소 직원들이 자주 가는 라면집을 예로 들어 설명하면서 "라면 맛을 다른 가게보다 5배 맛있게 만들거나 5배 빨리 서비스하기는 어렵지만, 종업원의 접객 태도에 따라 손님 기분을 100배 좋게 하는 것은 그리 어려운 일이 아니다"라며 의식 개혁을 주문한다.

가와카쓰 노리아키川勝宣昭가 《니혼덴산 나가모리 사장으로부터의 팩스 42매》에서 언급하는 나가모리식 의식 개혁 또한 일맥상통한다.

능력의 차이는 기껏해야 5배, 그러나 의식의 차이는 100배가 될 수 있다. 능력을 향상시키는 것은 쉽지 않지만 의식은 단련할수록 향상시킬 수 있다. 따라서 강한 기업이 되려면 직원의 의식을 단련시켜야 한다.

의식 개혁은 6S에서

나가모리식 경영의 기본은 6S다. '정리, 정돈, 청결, 청소, 작법, 예의범절'의 일본어 앞글자가 S로 시작하기 때문에 6S로 표현하는데, 이를 평가해 60점이 넘으면 반드시 흑자를 기록한다는 게 나가모리의 설명이다. 당시 산쿄정기제작소의 점수는 5점이었다. 대부분의 부실 기업이 그러하듯 부품이 정리되어 있지 않고, 나사는 여기저기 굴러다니고, 아무도 없는 회의실엔 하루 종일 불이 켜져 있었다.

자기 주위를 정리하지 않으면 물건 귀한 줄 모른다는 게 나가모리의 생각이다. 그래서 의식 개혁은 정리·정돈·청소 등에서 출발한다. 하루 일과가 시작하는 아침 8시부터 10분간 자기 주위의 청소부터 시작하게 했다. 임원과 관리 직원이 먼저 화장실 청소를 시작하고 일정 수준에 다다르면 당번제로 화장실을 청소하도록 했다. 주변이 정돈되자 물건이 보이고 원가에 대한 의식이 생겨났다.

소통, 소통, 소통

이세 마사오미의 《세계가 칭찬하는 일본 경영》을 보면 산쿄정기제작소의 경영의 허점을 알 수 있다.

니혼덴산에서 종업원 10명이 하는 작업을 산쿄정기제작소에서는 20명이 하고 있다. 똑같은 모터로 니혼덴산은 20% 흑자를 내는데, 산쿄정기제작소는 20% 적자를 내고 있다면 그 차이가 40%에 달한다.

설비도 믿기 어려운 고가에 사고 있다. 니혼덴산에서는 1,000만 엔에 구매하는 기계를 3,000만 엔에 구매하니 이런 설비로는 글로벌 경쟁에서 이길 수 없다. 전체적으로 보면 10%는 높은 가격에 부품을 구매하고 있는데 이에 따른 손실이 60억 엔에 이르고 있다.

나가모리는 철저한 비용 절감을 주문했다. 매주 공장을 방문하면서 젊은 직원들과는 오찬을, 과장급 이상 간부들과는 만찬을 통해 비용 절감에 대한 자신의 생각을 직접 설명하고 아이디어를 구했다. 1년간 오찬은 52회, 만찬은 25회를 했다고 하니 한 주도 빠지지 않고 직원들과 대화를 했다는 이야기다.

K프로젝트

비용 절감의 필요성을 구두로 설명하는데 그치지 않고 시스템으로 원가를 절감시켜나갔다. 그중 하나가 'K프로젝트'다. 일본어로 경비를 게이히Keihi라고 발음하기 때문에 경비 절감 프로젝트를 K프로젝트라고 부른다.

K프로젝트의 목표는 경비를 매출액 1억 엔당 500만 엔까지 낮추는 데 있다. 산쿄정기제작소도 적자가 계속되면서 비용 삭감을 추진해왔음에도 인수 당시 1억 엔당 1,000만 엔 수준의 경비를 지불하고 있었다. 이제 더는 절감할 것도 없다는 의견이 많았다. 그러나 그 정도에서 만족했다면 나가모리의 M&A 신화가 존재했을 리 없다.

나가모리는 K프로젝트를 추진하면서 전 직원으로 하여금 경비 절감 아이디어를 내게 했다. 형광등별로 스위치를 설치해서 개별 소등하자는 의견부터 서랍 속에 있는 문방구를 활용하자는 의견까지 나왔다. 이렇게 모인 다양한 의견을 가능한 한 즉시 실행에 옮겼다. K프로젝트 시행 두 달 만에 경비는 750만 엔으로 줄었고 반년 후에는 480만 엔으로 목표 수준을 넘어서고 있었다.

M프로젝트

경비 절감에 K프로젝트가 있다면 자재나 부품 조달, 무언가를 구매하는 데는 M프로젝트가 있다. M프로젝트는 흥정해서 가격을 낮추는 것인데 일본어 '깎다'의 '마케루Makeru' 앞글자에서 따왔다. M프로젝트의 기본은 5단계 협상으로, 물품을 구매하기 위해 다섯 번 교섭한다는 의미다. 담당자가 먼저 교섭을 하고 교섭 기록을 남기면 이를 바탕으로 다른 담당자나 상사가 교섭하는 시스템이다.

M프로젝트 추진에 따라 전 직원이 구매 단가를 낮추기 위해 다양한 아이디어를 내게 되었다. 글로벌 시장에서 가장 저렴하게 조달 가능한 곳을 찾거나, 집중 구매를 통해 조달 물량을 늘려 단가를 낮추거나, 설계나 생산 방식을 변경해서 부품 수를 줄이는 등의 방법을 고민하게 되었다. M&A에 따른 본사 간판을 변경할 때 당초 460만 엔이었던 제시 가격을 160만 엔으로 조정했다고 하니 M프로젝트의 효과가 얼마나 대단한지 알 수 있다.

나가모리 회장, 모든 구매 안건을 직접 결재

나가모리는 구매부에 국한하지 않고 전 부서가 M프로젝트를 추진하게 했다. 일반적으로 기술부가 구매를 결정하고 구매부는 요구대로 조달하는데, 기술부도 M프로젝트에 참가하게 되면서 적정 품질, 적정 가격 등 원가 의식이 높아지는 효과가 있었다.

나가모리는 M&A 후의 경영 재건 기간 중에는 모든 구매 건을 직접 결재했다. 구매 요청서에는 반드시 과거 구매 단가를 기재하게 했다. 이는 문방구, 형광등 등 일상 제품까지 예외 없이 적용되었다. 이러한 비용 절감의 노력 덕분에 산쿄정기제작소는 2004년 287억 엔 적자에서 1년 만에 150억 엔 흑자로 전환되었다. 직원들을 구조 조정하지 않고 같은 직원들에게 동기 부여한 결과다. 그러면서도 나가모리는 한 푼의 보수도 받지 않았다. 나가모리의 경영 능력에 경외감마저 느껴지는 대목이다.

피할 수 없었던 리먼 쇼크

하드 디스크 드라이브에서의 경쟁력을 바탕으로 순조롭게 시장을 확장해오던 니혼덴산도 2008년 리먼 쇼크 등 글로벌 경기 침체를 피해가지 못했다. 2008년에 매출이 16% 감소하고 영업 이익도 33%나 감소하자 니혼덴산은 수익 구조 회복을 위해 매출이 반으로 줄어도 흑자를 내고, 75%이면 이익을 유지하며, 동일한 매출에서도 2배의 이익을 내는 것을 목표로 하는 이익배증운동을 펼치게 된다. 이 운동을 WPR로 부르면서 더욱더 비용 절감을 가속화한다.

니혼덴산에 다가오는 먹구름, 스마트폰 보급 확대

리먼 쇼크보다 더 무서운 먹구름이 다가오고 있었다. 스마트폰 보급의 확대로 컴퓨터와 디지털카메라의 수요가 급감하고 있었다. 그때까지 니혼덴산의 매출은 여전히 하드 디스크 드라이브를 중심으로 하는 소형 정밀 모터에 집중되어 있었다. 1989년 85%에 달했던 소형 정밀 모터 비중은 2005년 51%, 2010년 47%로 낮아지기는 했지만 여전히 높았다. 스마트폰의 보급은 주력 제품인 하드 디스크 드라이브용 소형 정밀 모터에 직격탄을 날리고 있었던 것이다.

니혼덴산은 하드 디스크 드라이브용 소형 정밀 모터 편중 현상을 해소하기 위한 방안도 M&A에서 찾았다. FDB 등 소형 정밀 모터의 기술 경쟁력 확보가 M&A 1단계에 해당되었다면 이제는 소형 정밀 모터에 집중된 사업 구조를 자동차·가전·상업 및 산업용 등으로 다각화하기 위해 더욱 본격적인 M&A 2단계를 추진하기 시작한다.

M&A 2기, 해외 기업 33개사 인수

2007년 일본 서보_{Servo}를 인수한 이후 니혼덴산의 M&A는 잠시 주춤한 듯 보였으나, 2010년부터 본격적으로 M&A를 추진한다. 2010년 한 해에 이탈리아 ACC의 가정용 모터 사업, 베이스 플레이트 전문 기업인 태국의 SC WADO, 미국 에머슨일렉트릭의 가전 및 산업용 모터 사업 등 3건의 M&A를 추진했다. 그 후에도 2012년 6개사, 2015년 7개사, 2017년 8개사 등을 인수함으로써 M&A를 가속화했다. 2010년 이후 무려 38건의 M&A를 추진했고 그 중 해외 기업이 33건이나 된다. 매년 4개 기업 이상을 인수한 것이다.

2019년 매출을 보면 소형 정밀 모터의 비중은 28%로 줄어

전기 자동차용 파워 트레인

출처: 니혼덴산 홈페이지

든 반면 가전·상업·산업 분야가 37%로 매출 비중이 가장 높은 분야가 되었다. 자동차 분야도 22%, 전자 광학 부품 및 기기 장치 등이 14%를 차지하면서 4대 분야가 한쪽으로 치우치지 않는 안정적 매출 구조를 갖추게 되었다. 왕성한 M&A를 통해 소형 정밀 모터 중심의 사업 구조를 자동차, 가전·상업·산업, 전자 광학 부품 및 기기 장치 등 4대 사업군으로 재편하는 데 성공한 것이다.

나가모리 회장의 야망은 여기서 멈추지 않는다

나가모리는 10여 년 전부터 매출 10조 엔, 종업원 100만 명 기업을 목표로 하고 있다고 밝혀왔다. 당시에는 먼 훗날 이야기처럼 약간 과장된 허풍으로 받아들이는 분위기도 있었으나, 2017년에 니혼덴산의 매출액 목표를 2020년 2조 엔, 2030년 10조 엔이라는 구체적인 수치로 제시하면서 화제가 되기도 했다. 자동차 관련 4조 엔, 에

2019년 4월 오므론 오토모티브 일렉트로닉스 M&A를 발표하는 나가모리 회장

어컨·로봇 청소기 등 가전 관련 3조 엔 등 분야별 수치 목표를 제시하고 있고, '기업 부활의 신'으로 불리는 나가모리 회장의 발언이다 보니 목표 달성을 기대하는 사람이 많다.

매출 10조 엔을 향한 나가모리의 질주는 이미 시작되었는데 그 중심에는 전기 자동차라는 거대한 트렌드가 자리 잡고 있다. 2019년 4월, 오므론의 100% 자회사로 자동차 전장 부품을 메인 사업으로 하고 있는 오므론 오토모티브 일렉트로닉스를 1,000억 엔에 인수한다고 발표했다. 오므론 오토모티브 일렉트로닉스는 모터 및 전원 전자제어유닛ECU, 운전자 모니터링 및 라이다LiDAR 등 자율주행 관련 센서 부문에 강점이 있다. 그러니 외부에 위탁 생산하고 있는 ECU를 자체 생산하는 효과를 거둘 수 있다.

전기 자동차라는 둘도 없는 기회

2019년 8월 중국 광주집단기차広州汽車集団의 자회사와 합작 기업을 설립해 중국에서 전기 자동차 구동용 모터를 생산한다고 발표했다. 이 부품은 내연 기관 자동차의 엔진과 같은 역할을 한다. 모터의 관점에서 보면 전기 자동차는 완전히 새로운 시장 기회를 제공하는 패러다임 시프트를 만들어내고 있다. 전기 자동차와 관련된 니혼덴산의 움직임은 앞으로 한층 빨라질 것이다. 지금까지의 M&A 전략에서 보았듯이 부품 하나하나에 머무르지 않고 모터와 관련 모듈을 통째로 공급하는 'EV 플랫폼'으로 대응할 것이다. 나가모리 구상이 완성되었을 때 니혼덴산은 어떤 모습을 하고 있을지 기대된다.

마부치모터,
표준화를 통한 가격 경쟁력 확보

본사	지바현 마츠도시 마츠히다이 430번지
대표이사	오오코시 히로오大越博雄
주요 품목	소형 모터
설립 연도	1954년
종업원	2만 2,061명
자본금	207억 엔
매출액	1,318억 엔
영업 이익	175억 엔
영업 이익률	13.3%

•2019년 12월기 연결 결산 기준, 억 엔 이하는 반올림

세계 소형 정밀 모터 시장을 장악한 니혼덴산이 끝내 이기지 못한 기업이 있으니 바로 마부치모터라는 강소기업이다. 마부치모터는 자동차의 파워 윈도, 사이드 미러, 도어 록 등 편리성을 추구하는 분야에서 압도적인 가격 경쟁력을 바탕으로 시장을 장악하고 있다.

니혼덴산의 공격을 막아낸 마부치모터

니혼덴산과 마부치모터의 싸움은 2000년대 초 니혼덴산이 마부치모터가 선점하고 있던 자동차의 파워 윈도용 모터 시장에 진입을 시도하면서 발생했다. 모터는 전류 방향을 바꿔주는 브러시라는 부품의 사용 여부에 따라 브러시 모터와 브러시리스 모터로 구분된다. 브러시를 사용하는 브러시 모터는 저가로 소음이 높고 수명이 짧은데 마부치모터가 생산한다. 이와 견주어 브러시리스 모터는 전자 회로에서 전류를 제어해 회전시키는 모터로 소음이 적고 수명이 길며 고가인데 니혼덴산이 주로 생산한다.

니혼덴산은 파워 스티어링 구동용 모터를 통해 자동차용 모터 시장 진입에 성공하면서 같은 자동차 분야의 파워 윈도용 모터 분야로 시장 확대를 추진했다. 파워 윈도용은 이미 마부치모터가 장악하고 있었기 때문에 두 기업의 싸움은 피할 수 없게 된 것이다. 두 기업 모두 모터 전문 기업으로 품질이 우수해 승패의 관건은 가격이었다. 니혼덴산은 가격을 낮추기 위해 모든 노력을 기울였지만 마부치모터의 가격 경쟁력을 극복하지 못하고 물러났다. 니혼덴산의 가격이 마부치모터의 2배에 달할 정도로 마부치모터의 가격 경쟁력은 압도적이었다.

자동차, 소형 모터 최대 고객

우리가 타고 있는 자동차에는 적게는 50개, 고급차는 100여 개의 소형 모터가 들어가 있다. 유리를 올릴 때, 사이드 미러를 조정할 때, 시트를 이동시킬 때 등 항상 모터의 도움을 받는다. 소형 모터의 절반 이상은 마부치모터가 생산한다.

마부치 겐이치馬淵健一는 1946년에 가가와현 다카마쓰시에 관서이과연구소關西理科研究所를 설립해 페라이트 자석을 활용한 마그네틱 모터 개발에 성공하고, 이를 생산하기 위해 1954년 도쿄 가쓰시카구에 도쿄과학공업(주)을 설립했다. 그리고 1971년에 현재의 마부치모터로 사명을 변경했다.

창업 초기 위기, 최대 고객이던 금속제 완구에서 납 성분 검출

마부치가 생산한 모터는 소형으로 내구성도 좋아 설립 초기부터 금속제 완구를 중심으로 순조롭게 시장을 넓혀나갔다. 하지만 창업 3년째인 1957년에 예상하지 못한 위기가 찾아왔다. 금속 완구 도료에서 납 성분이 검출되어 완구의 대미 수출이 정지되었다. 100% 완구용 모터를 생산하고 있던 마부치모터는 존폐의 기로에 설 정도로 심각한 타격을 입게 되었다.

마부치는 회사 경영 상황을 면밀히 분석한 결과, 모터 단일 품목 경영의 문제라기보다 완구 산업 한곳으로 모터의 용도가 집중되어 있는데 문제가 있다는 사실을 인식하게 된다. 모터 단일 품목 경영이 기술 능력 향상 등의 측면에서 오히려 강점이 될 수 있다고 생각한 마부치는 모터의 용도 확장을 적극 추진하기 시작했다.

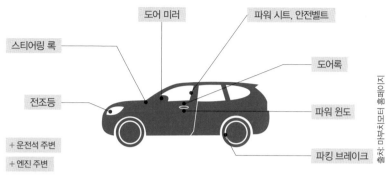

출처: 마부치모터 홈페이지

스티어링 록

도어 미러

파워 시트, 안전벨트

전조등

도어록

파워 윈도

＋운전석 주변

＋엔진 주변

파킹 브레이크

자동차에서 모터가 사용되는 부분

모터 수요처 발굴, 헤어드라이어와 비디오 기기

처음에 시작한 것은 헤어드라이어였다. 소형 마그네틱 모터를 사용하자 드라이어기 자체가 작아지고 가벼워졌다. 헤어드라이어 사용이 편리해지자 전문 업소에 국한되었던 수요가 가정용으로까지 확대되었다. 이와 더불어 모터 수요도 더욱 늘어났다.

　다음은 비디오 기기 시장을 목표로 소형 모터를 생산했다. 비디오용 모터는 전기 소음이 발생하고, 화재의 원인이 되기도 해서 콘덴서 등 부수적인 부품들이 필요한 상황이었다. 마부치는 모터 구조를 변경해 전기 노이즈가 발생하지 않는 모터 개발에 성공하면서, 후발 기업인데도 비디오 기기용 모터 시장을 석권하기에 이른다.

표준화를 통한 저가격 실현

가전제품을 중심으로 모터의 수요처가 다양해졌지만, 완구용 모터 생산이 메인이었기 때문에 생산이 계절적으로 편중되는 문제는 여전히 남아 있었다. 특히 여름에 일감이 집중되고 겨울에는 주문이 끊기면서 숙련도 유지 등 인력 관리 측면에서 문제가 많았다. 1954년 4,700만 개였던 모터 생산이 1968년에는 1억 개를 넘어섬으로써 제품 관리에서도 어려움에 봉착하게 되었다. 오늘의 마부치 모터를 있게 한 표준화가 이때부터 시작된다.

당시 모터 기업은 완구 기업의 주문대로 모터를 생산하는 것이 당연했다. 감히 표준화를 제안할 수 있는 상황이 아니었다. 그러나 가격 인하와 품질 유지를 조건으로 표준화를 제안했다. 마부치는 5~6종의 모터를 표준으로 하면 주문의 약 70%는 수용할 수 있을 것으로 판단하고 겨울철에 표준품을 생산해 적정 재고를 확보했다. 표준품을 사용할 경우 20% 가격 할인이 가능함을 제시하자 고객의 절반 정도가 표준품을 선택했다. 제일 먼저 표준품 제안을 받아준 곳은 지금은 세계 최대 완구 기업으로 성장한 미국의 마텔이었다.

가격 인하로 표준품 유도

가격을 대폭 인하해 단위당 이익은 줄어들었으나 계획 생산이 가능해지면서 생산성 향상과 불량률이 줄어드는 등 품질이 크게 개선되었다. 모델별 수량이 늘어나면서 부품의 생산 원가 또한 더욱 낮아져 가격 인하 전보다 이익이 늘어났다. 자신감을 얻은 마부치는 표준품에 대해 30% 가격 인하를 단행했다. 이 방식으로 3년 정도에 걸쳐 고객의 80%를 표준품으로 전환시켜갔다.

주문 생산에서 표준품으로 전환한 것은 요즘 자주 이야기되는 고객 수요 맞춤형 대응이라는 관점에서 보면 시대의 흐름과 반대되는 측면이 있다. 그러나 주문 생산으로 취급 품목이 통제 불가능할 정도로 증가하는 경우라면 표준화·규격화가 답이 될 수 있다.

베이스 모터를 기본으로 다양한 수요에 대응

모터는 케이스가 되는 하우징Housing에 회전을 담당하는 로터Rotor를
넣고 뚜껑 역할을 하는 엔드벨로 마감을 한다. 마부치모터는 이들
의 결합을 통해서 약 350개의 베이스 모터를 구비하고 고객 수요에
대응하고 있다. 고객의 수요를 확인하면 먼저 스펙 요구서를 작성
하고, 이를 영업 부문과 기술 부문의 전문가로 구성된 마부치모터
의 검토를 거쳐 베이스 모터로 대응이 가능한지 여부를 판단한다.
베이스 모터로 대응이 어렵다면 베이스 모터에 옵션을 추가한 특
수 사양으로 개발할 것인지 아니면 신제품으로 개발할지를 결정하
는 단계별 의사 결정 체계를 갖추고 있다. 마부치는 다양한 용도에
대응하기 위해 모터의 성능을
최대화함과 동시에 소형, 저소
음, 낮은 전력 소모, 긴 수명
등 모터의 기능을 극대화하는
노력을 기울여왔다. 그러면서
도 표준화로 저가격을 실현하
고 있다.

출처: 마부치모터 홈페이지

마부치모터가 생산하는 다양한 소형 모터

브라운사를 고객으로 확보

마부치모터는 독일의 전기 면도기 업체인 브라운사의 대규모 거래
제안을 거절한 것으로 유명하다. 전기 면도기에서 모터는 성능을

결정하는 중요한 부품이어서 브라운사도 독일 기업이 생산하는 코어리스 모터를 사용하고 있었다. 코어리스 모터는 소형이고 전력 사용도 적어 면도기에 적합하기는 한데 개당 1,400엔에 이를 정도로 가격이 비싼 게 단점이었다. 니하라 히로아키新原浩朗가 쓴《일본의 우수 기업 연구》에 두 기업이 고객이 되는 과정을 잘 설명해놓았다.

비용 인하의 필요성에 직면한 브라운은 마부치모터에 동일한 성능을 유지하면서 저가격의 제품 개발을 요구해왔다. 마부치모터는 코어리스 모터 개발을 거절하고 비슷한 성능의 자사 제품을 기존 가격의 8분의 1 수준인 170~180엔에 공급하는 방안을 제안한다. 사내에서는 개당 1,000엔 정도의 가격을 제시하자는 의견도 있었으나 마부치 회장은 '공헌에 합당한 이익을 취하는 것이 경영 이념'이라며 받아들이지 않았다. 브라운사는 지금도 마부치모터가 생산하는 소형 모터만 고집하고 있다.

자동차용 모터가 주력 분야로

마부치모터의 2018년 기준 매출 1,431억 엔 중에서 자동차용 모터의 매출은 1,042억 엔으로 약 73%를 차지하고 있다. 2010년의 401억 엔, 48%와 비교해보면 자동차용 모터의 비중이 얼마나 늘었는지 쉽게 알 수 있다. 자동차용 모터가 급성장하게 된 배경에는 2000년부터의 경영 전략이 있다. 마부치모터는 자동차용 모터, 특히 파워 윈도에 집중하기로 하고 그해 프로젝트 팀을 발족시켰다.

마부치모터는 토크Torque, 엔진을 돌리는 힘가 높은 전동 공구용 모터를 기본으로 해 파워 윈도용 모터 개발을 추진했다. 전동 공구용 모터는 토크가 높고 속도도 매우 빨라서 차량용으로 쓰려면 속도를 떨어뜨릴 필요가 있었다. 이를 해결하기 위해 전동 공구용 모터 2개를 결합해 파워 윈도에 적합한 토크와 속도를 실현하고, 윈도 상하 이동과 잠금 기능을 일체화한 모듈을 개발해 2002년 납품에 성공했다. 2008년에는 파워 시트용 모터 시장 진출에도 성공했다.

고객은 마부치를 떠날 수 없다

마부치모터의 2019년 매출은 1,318억 엔, 영업 이익은 175억 엔으로 영업 이익률 13.3%를 기록하고 있다. 마부치모터 홈페이지에 접속해보면 사업 내용에 '소형 모터의 제조 판매'라고 명기되어 있다. 소형 모터 하나로 이러한 경영 실적을 달성한 것이다. 경쟁력이 있는 소형 모터 분야에서 높은 기술력과 철저한 비용 절감을 추진하고 이를 소비자 가격에 반영해 가격을 인하했다. 고객이 마부치를 떠날 수 없게 만든 것이다.

부품소재와 미래 사회

2015년 다르파 세계 재난 구조로봇 경연대회에서 카이스트 휴보가 당당히 1위를 차지했다. 경사스럽고 자랑할 만한 일이다. 그러나 휴보의 머리, 관절과 근육 등 핵심 부분에서 외국 기술에 대한 의존이 높았다. 그중 관절의 움직임을 도울 수 있는 마부치모터의 소형 정밀 모터도 포함되어 있다. 휴보 개발자인 카이스트 오준호 교수가 원천 기술의 중요성을 강조했다는 이야기를 듣고, 미래 사회를 구현하려면 부품소재의 역할이 그만큼 중요하다는 사실을 다시 상기한다.

SHIMANO

자전거 하면 떠오르는
시마노

본사	오사카부 사카이시 사카이구 오이마츠초 3-77번지
대표이사	시마노 요조
주요 품목	변속기, 기어 등 자전거 부품, 낚시 용구
설립 연도	1921년
종업원	1만 1,380명
자본금	356억 엔
매출액	3,632억 엔
영업 이익	680억 엔
영업 이익률	18.7%

•2019년 12월기 연결 결산 기준, 억 엔 이하는 반올림

자전거를 타거나 낚시를 즐기는 사람들 중에 시마노를 모르는 사람은 거의 없을 것이다. 자전거를 사러 가면 변속기가 시마노 제품인지 확인하거나, 판매원으로부터 이 자전거는 시마노 변속기가 장착되어 있으니 안심할 수 있다는 이야기를 쉽게 듣게 된다. 시마노는 완성 자전거를 생산하지 않고 자전거 부품을 만드는 기업이다. 시마노는 변속-브레이크 일체형 레버를 세계 최초로 만들어낸 기업으로 유명하다.

처음부터 품질로 승부

시마노는 철강 산업이 발달한 오사카부 사카이시에서 출발했다. 에도 시대에 총포 및 요리칼 등을 주로 생산했던 사카이는 메이지유신 후에 자전거 생산 거점으로 탈바꿈하게 된다.

1차 세계대전 후 세계를 덮쳤던 불황은 일본도 피해가지 못했다. 28세의 선반공 시마노 쇼사부로島野庄三郎도 실직한 동료와 1921년 시마노철공소를 설립해 공작기계 한 대로 프리 휠free wheel 생산을 시작했다. 처음에는 하청을 받아 프리 휠을 생산했다. 수입 베어링을 사용해 품질을 인정받아 1939년에는 시장 점유율이 60%에 육박하게 되고, 공작기계 200대, 종업원 200명의 세계 최대 프리 휠 생산 업체로 성장했다.

1921년 설립 초기 시마노가 생산한 싱글 프리 휠

냉간단조 기술의 경쟁력

시마노는 1960년대에 상온에서 성형할 수 있는 냉간단조冷間鍛造, Cold forging 기술을 확립하면서 성장의 기반을 마련했다. 냉간단조는 단조 후 온도가 떨어지면서 생기는 변형의 문제가 없기 때문에 20미크론 (1미크론은 1mm의 1,000분의 1) 정도의 오차 범위 내에서 가공이 가능할 정도다. 이러한 고정밀 냉간단조 기술은 자전거 변속기, 브레이크 등 정밀 가공 제품에서 시마노의 경쟁력으로 이어지고 있다.

시마노는 2차 세계대전 기간 중에 잠시 해산하기도 했지만 종전 후 생산을 재개했다. 1956년에는 외장식 변속기, 1957년에는 내장 3단 변속기를 생산하기 시작했다. 1960년대에는 미국·유럽에서 스포츠 사이클링 붐이 일면서 미국에 사무소를 개설(1965)했다. 1972년에는 독일에 거점을 구축하면서 글로벌 네트워크를 갖추고 도약의 전기를 마련했다.

시스템 부품으로 승부

해외 진출 초기에는 외국 자전거 기업들이 시마노를 상대해주지 않았다. 자전거는 전체적인 성능이 몇 개의 부품에 좌우되는 경향이 강하기 때문에 동양의 조그만 기업에 그리 호의적이지 않았을 것이다. 게다가 당시에는 이탈리아의 캄파놀로campagnolo가 시장을 장악하고 있었다. 캄파놀로는 변속기의 원형을 고안하는 등 자전거 시장에서 거의 주도적 위치에 있었다. 부품을 납품하려고 해도 결합 부분은 캄파놀로 부품 규격에 맞춰야 해서 시장 진입이 거의 불가능한 상황이었다.

듀라-에이스에 적용된 시스템 부품

　시마노는 좌절하지 않고 1973년에 듀라-에이스DURA-ACE라는 세트 부품을 제안한다. 변속과 관련 있는 변속기·기어·체인·케이블 등을 하나로 묶어 '시스템 부품'으로 개발한 것이다. 기능적으로 연결되는 부품을 세트화해 결합 부품으로 제안하면서 캄파놀로 제품에 맞춰야 했던 시장에서의 제약을 단숨에 넘어버린 것이다. 디자인이나 성능에서도 시스템 부품이 단품의 결합보다 우수해 시장의 흐름은 자연스럽게 시스템 부품으로 기울게 되었다.

순간 변속 시스템의 대히트

1984년에는 자전거 기어 변속을 탑승자의 감각에 의존하기보다 간단하고 정확하게 변속할 수 있는 시스템을 개발했다. 변속 레버에 래칫(한쪽 방향으로만 회전하는 바퀴)을 설치해 간단한 회전만으로 단계별 변속이 가능한 시프트 시스템을 만들었다. 이것이 대히트를 기록하면서 시마노의 위상은 더욱 높아졌다.

　예를 들면 라디오 프로그램을 고를 때 주파수를 돌려서 원하는

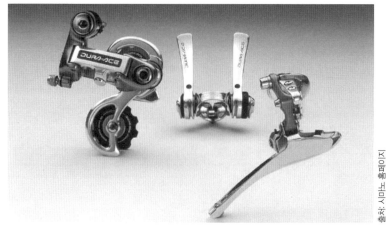

출처: 시마노 홈페이지

변속 기능을 레버에 설치한 시마노 인덱스 시스템

방송을 선택하는 것이 아니라 한 번 돌리면 1번 방송, 두 번 돌리면 2번 방송이 나오는 것과 같은 원리다.

시마노 시스템 부품, 국제사이클링대회에서 우승

시마노는 업계 최초로 변속 레버와 브레이크 레버를 핸들로 옮기는 듀얼 레버 시스템을 개발한 것으로 유명하다. 시마노가 최초로 개발한 듀얼 레버 시스템를 사용한 미국팀이 1988년 국제사이클링대회에서 우승하면서 더욱 주목을 받게 되었다.

그때까지는 변속 레버가 자전거 프레임 아래에 있어 변속 시 핸들에서 손을 떼면 자세가 흐트러지기 쉬웠다. 경기에서는 상대방에게 전략이 노출되는 문제점이 있었다. 듀얼 레버 시스템은 자전거 부품 시장의 혁신적인 변화를 불러일으켰으며, 시마노의 세계 시장 장악에 결정적 역할을 하게 된다.

아웃도어 제품, 고객 반응이 매우 중요

시마노는 취급 제품이 비교적 단순하지만 나름대로 제품군에 대한 확실한 기준이 있다. 그 기준은 아웃도어용 최종 소비재, 일정 수준 이상의 시장 규모, 고도의 금속 가공 기술 요구 분야 등으로 요약된다. 시마노 요조島野容三 사장은 "기술적으로 공유 기반이 없는 분야에는 진출하지 않는 것이 시마노의 기본 방침이다"라고 밝히고 있다.

시마노는 최종 소비재인 아웃도어용 제품을 취급하므로 제품 개발에서도 소비자의 반응을 대단히 중요시한다. 미국 진출 초기에 바이어로부터 미국에 직접 와서 불량 제품을 수리해달라는 요구를 받고 2인 1조의 10개 팀을 파견해 800개의 점포를 순회한 적이 있다. 소비자를 직접 접촉하면서 현장의 소리를 듣게 된 시마노는 지금도 딜러 캐러밴을 계속하고 있다. 이런 과정이 마운틴바이크MTB용 부품 개발로 이어지게 된다.

MTB 전용 부품 개발이 가능했던 이유

딜러들과 시장 상황에 대한 의견 교환을 하다가 캘리포니아주 등에는 일반 자전거로 험난한 길을 즐기는 애호가들이 있다는 정보를 입수하게 된다. 당시에는 MTB의 시장 규모가 작은 초기 단계여서 아무도 전용 부품을 개발하려는 움직임이 없었다.

시마노는 달랐다. 창업주 쇼사부로의 막내아들로 해외 영업을 총괄하고 있던 시마노 요시조島野喜三는 일반 자전거를 개조해 야산에서 즐기고 있는 젊은이들을 직접 확인하고 MTB 개발을 추진했다. 기술자들을 캘리포니아주에 파견해 진흙·바위·물 등 어려운 산악

지대에서도 견딜 수 있는 MTB 전용 부품을 개발한 것이다. 이렇게 개발된 MTB는 미국에서 대히트를 치고 시마노의 시장 선점으로 연결되었다.

시마노 인사이드

시마노는 세계 스포츠용 자전거 부품 시장의 80% 이상을 점유하고 있다. 2016년에는 국제대회에 참가한 22개 팀 중 17개 팀이 시마노 제품을 쓰고 있을 정도였다. 브랜드 파워 유지, 수익성 등의 이유로 스포츠용 자전거 시장에 집중하고 있는 것은 사실이나 일반 자전거 부품 시장에서도 시마노의 존재감은 타의 추종을 불허한다.

시마노는 글로벌 분업을 활용해 고가와 저가 시장을 동시에 공략하고 있다. 특히 세계 최대 시장인 중국 시장 공략을 위해 글로벌 마케팅은 싱가포르의 플랫폼센터에서 담당하고 있다. 일반 자전거 시장에서도 시마노 변속기가 장착되어 있으면 일정 수준 이상의 자전거로 대우받고 있는 것을 보면 시마노 인사이드 전략은 통하고 있는 것이다.

실패를 통해 더욱 강해진 시마노

시마노가 모든 모델에서 성공한 것은 아니다. 1981년 공기 저항을 최소화하는 에어로다이내믹스Aero Dynamics를 채택한 AX 시리즈를 발표하자 시장의 관심은 매우 높았다. 당시 대부분의 사이클 쇼에서 에어로다이내믹스가 화제를 독차지할 정도로 시마노는 AX 시리즈 홍보에 전력을 기울였다.

에어로다이내믹스 부품

그러나 2년 만에 판매를 중단해야 했다. 강도 부족에 따른 페달 파손, 브레이크 성능 저하, 공기 저항 감소 효과에 대한 체감 부족 등 클레임이 계속되었기 때문이다. 그 후로는 시장에 제품을 출시하기 전 반드시 프로 집단에 의한 실전 테스트를 거치게 하는 등 실패를 교훈 삼아 고객 만족도를 높이려는 노력을 하고 있다.

시마노의 2019년 매출액은 3,632억 엔, 영업 이익은 680억 엔으로 영업 이익률이 19%에 달하고 있다. 매출액의 약 80%는 자전거 부품에서 발생하고 있는데, 시마노는 매출이 10배가 넘는 미쓰비시 중공업보다 시가총액이 크다.

새로운 패러다임

시마노는 캄파놀로라는 기존 시장을 장악하고 있는 거인과 맞서면서 '시스템 부품'을 들고나왔다. 기능적인 결합과 모듈화라는 신의

한 수를 통해 단품의 한계를 뛰어넘고 시장의 판도를 바꿔버린 것이다. 듀얼 레버 시스템, MTB 개발 등 혁신을 거듭하면서 누구도 따라오기 어려운 압도적 위치에 올라섰다.

자전거 시장에도 전기 자전거 열풍이 강하게 일고 있다. 전동 변속기와 무선 통신 시스템의 연결, 전동 보조 시스템에 따른 구동 장치 변화 등으로 자전거에 대한 인식이 바뀌고 있다. 새로운 패러다임의 시대에 시마노는 어떠한 혁신을 탄생시킬지 자못 기대된다.

'TORAY'
Innovation by Chemistry

도레이,
탄소섬유 세계 1위가 되기까지

본사	도쿄도 추오구 니혼바시 무로마치 2-1-1
대표이사	닛카쿠 아키히로日覚昭廣
주요 품목	섬유, 탄소섬유 복합소재, 환경 엔지니어링
설립 연도	1926년
종업원	4만 8,320명
자본금	1,479억 엔
매출액	2조 2,146억 엔
영업 이익	1,312억 엔
영업 이익률	5.9%

*2020년 3월기 연결 결산 기준, 억 엔 이하는 반올림

도레이는 동양의 듀폰으로 불리기도 한다. 듀폰에서 기술 이전을 받아 나일론을 생산한 인연도 있거니와 섬유 화학 기업으로서 선도적 역할을 해온 것에 대한 평가이기도 할 것이다. 도레이는 미쓰이물산三井物産이 출자해 1926년 비와코琵琶湖로 유명한 시가현의 오쓰시 인근에 도요東洋레이온이라는 이름으로 설립되었다. 그 후 1970년에 앞글자만 따서 도레이TORAY로 회사명을 변경한다. 회사명에서도 알 수 있듯이 도레이는 설립 다음 해부터 레이온을 생산하기 시작하는데, 당시 왕성한 수요를 바탕으로 설립 10년 만에 종업원 8,000명의 거대한 기업으로 성장하게 된다.

레이온으로 출발, 나일론 생산

도레이의 레이온 사업이 한창 활황을 보이고 있던 1938년, 듀폰이 세계 최초로 합성섬유인 나일론을 개발했다는 소식이 전 세계 섬유 업계를 강타했다. 도레이는 미쓰이물산 뉴욕 지점을 통해 재빠르게 나일론 샘플을 확보한 후 연구를 개시했다. 그리고 1943년에 나일론 생산을 시작했다. 전쟁이 끝나자 듀폰은 도레이를 상대로 나일론 특허 침해 소송을 제기했다. 그러나 당시 GHQ는 도레이에게 '혐의 없음' 판결을 내렸다. 나일론이 개발되고 불과 5년 만에 자체 기술로 나일론을 생산할 수 있을 정도로 도레이는 연구 개발 능력을 보유하고 있었던 것이다.

듀폰과의 제휴를 선택

도레이는 듀폰과의 특허 분쟁에서 승리하기는 했지만, 듀폰과 제휴

1951년 도레이-듀폰 나일론 기술 이전 계약

를 해야 하는가에 대한 딜레마에 봉착하게 된다. 독자 노선을 가야 할지, 제휴를 통해 듀폰의 선진 기술을 활용해야 할지 선택을 해야만 했다. 독자 노선을 걷는다면 막대한 연구 개발 투자가 필요해 듀폰과의 제휴를 선택했다. 도레이는 계약 일시금 300만 달러, 계약 기간 15년, 일본 국내 시장 독점, 수출 시에도 나일론 명칭 사용 등의 조건으로 듀폰과 계약을 체결한다. 1951년부터 본격적으로 나일론을 생산해 1955년에는 나일론 매출이 레이온을 앞설 정도로 확대되었다.

3대 합성섬유 모두를 생산

도레이는 폴리에스테르 기술 확보를 위해 1957년 영국 ICI사와 기술 제휴 계약을 체결한다. 1964년에는 아크릴섬유까지 생산하면서 3대 합성섬유를 모두 생산하는 종합 섬유 원료 회사로 발돋움했다. 그리고 플라스틱 케미컬, 비디오테이프 필름, 담수화에 사용되는 역침투막, 이차전지용 분리막 등으로 사업을 다각화·고도화시켜나가면서 성장을 거듭하게 된다.

섬유 산업은 1970년대의 두 번에 걸친 오일 쇼크, 1980년대의 공급 과잉으로 어려운 시기를 겪었다. 우리나라 섬유 기업들도 1980년대를 아주 어려운 시기로 기억하는데, 일본은 1985년 프라자합의에 따른 엔화 강세까지 더해져 더욱 어려운 환경에 있었다. 그래서 "섬유 산업은 사양 산업이다"라는 표현이 자주 등장했다. 그만큼 어려운 시기였다.

섬유 산업을 둘러싼 역풍

도레이도 마찬가지였다. 인공 피혁, VTR 테이프 등 고수익 제품을 보유하고 있어서 섬유 불황의 영향이 상대적으로 적었던 것은 그나마 다행이었지만, 섬유 산업을 둘러싼 환경은 쉽사리 개선되지 않았다. 그럭저럭 수익성을 유지하면서 구조 조정을 미루고 있었는데 결국 불황의 여파를 한꺼번에 맞이하게 되었다. 창업 60주년이 되는 1986년에 영업 이익이 40%나 급감하는 등 한계 상황이 다가오고 있었다. 대내외적으로 어려운 상황에서 도레이 중흥의 시조로 불리는 마에다 가쓰노스케前田勝之助 사장이 등장했다. 선배 임원 14명을 제치고 사장으로 전격 발탁된 것이다. 그만큼 도레이의 상황이 어려웠다는 반증이다.

섬유는 성장 산업이다

마에다 사장은 취임 일성으로 '섬유 산업은 성장 산업'임을 주장하면서 도레이의 탈섬유 분위기를 바꾼다. 일본인 한 사람의 섬유 소비량은 17kg, 미국은 23kg인 데 반해 중국이나 인도는 4kg에 불과하기 때문에 글로벌 관점에서 보면 성장 산업이라는 논리를 설파한다. 그리고 기능성 소재 개발을 통해 신합섬新合織 붐을 조성함으로써 위기를 돌파해나간다.

마에다 사장이 회장으로 재직하던 1999년 유니클로의 야나이 타다시柳井正 사장이 도레이를 방문하면서 유니클로와의 협력이 시작된다. 도레이 사내에서는 기존 고객과 맺는 관계 등을 고려해 유니클로와 특별한 협력 관계를 맺는 것에 부정적인 의견이 강했다. 마에다 사장은 야나이 사장의 의류 유통에 대한 비전을 높게 평가하면서 뚝심 있게 협력을 성사시킨다.

도레이와 유니클로의 만남

먼저 도레이 사내에 버추얼컴퍼니 형태로 프로젝트팀을 구성했다. 도레이 공장에 유니클로 전용 생산 라인을 설치해 담당 직원만 출입할 수 있게 했다. 도레이 직원이라도 프로젝트 담당자가 아니면 유니클로용 생산 라인에 들어갈 수 없게 만드는 등 철저한 보안을 유지해 기업 간 협력에 필수적인 신뢰 관계를 구축해나갔다. 그리고 유니클로의 요청을 원스톱으로 처리하는 'GOGlobal Operation 추진실'이라는 전담 부서를 신설하고 유니클로 직원이 고객의 요구를 있는 그대로 전달할 수 있게 했다. 도레이에 특정 기업 전담 부서가 만들어진 건 이때가 처음이다.

유니클로와의 협력이 성공한 이유

유니클로와의 협력은 성공적이었다. 첫 제품 후리스는 2,600만 개가 팔리며 국민복이라는 별명을 얻었다. 도레이 인도네시아 공장에서 연간 6,000톤의 원료를 공급했는데 단일 고객으로는 최대 물량을 기록했다. 두 번째 성공을 기록한 히트텍은 시제품만 1만 벌을 테스트할 정도로 소재 개발에 공을 들였다. 까다로운 유니클로의 요구에 철저히 대응했다는 표현이 맞다. 통상적으로 소재 기업은 고객과의 거래 관계에서 다소 고압적인 자세를 보이는데, 후리스에서 히트를 기록함으로써 두 기업 사이에 상당한 신뢰가 형성된 덕분에 수평적 협력이 가능했을 것이다.

전략적 파트너십으로 발전

2006년에는 원사부터 최종 제품 판매까지 총괄하는 일관 상품 개발 체제 구축을 기본으로 하는 전략적 파트너십을 맺었다. 울트라

2015년 11월 도레이-유니클로의 제3기 전략적 파트너십을 체결하는 모습(왼쪽부터 도레이 닛카쿠 아키히로 사장, 유니클로 야나이 타다시 사장)

라이트 다운 및 UV 차단 카디건 등 인기 상품을 속속 개발하는 시점이다. 전략적 파트너십은 5년 단위로 갱신하는데 지금은 제3기 (2016~2020)에 접어들었다. 제3기 전략적 파트너십 기간 동안에는 2기 파트너십 때의 매출액 6,000억 엔보다 대폭 늘어난 1조 엔의 매출을 기대하고 있다. 유니클로와 도레이 모두에게 커다란 성장 모멘텀을 제공하고 있다.

탄소섬유와의 만남

도레이의 발전 과정에서 탄소섬유와의 만남은 미래 시장 선점이라는 측면에서 매우 중요하다. 탄소섬유의 무한한 응용 가능성을 고려하면 더욱 그러하다. 탄소섬유는 90% 이상 탄소로 구성된 섬유로, 철과 비교해 무게는 4분의 1에 불과할 정도로 가벼우면서도 강도는 10배나 높고, 부식에 잘 견디며, 탄력성도 뛰어난 꿈의 신소재다.

탄소섬유 개발은 우주 개발에 필요한 내열성이 높은 재료를 찾기 위해 1950년대 미국에서 시작됐다. 높은 열을 견뎌야 하는 로켓 발사대 재료 연구로 시작되었는데 1958년에 유니온카바이드의 자회사가 펄프를 주원료로 하는 레이온을 고온에서 가공해 탄소섬유 생산에 성공했다.

일본에서는 산업기술연구소의 전신인 오사카공업기술시험소의 신도 아키오進藤昭男 박사가 탄소섬유 개발에 성공하면서 본격화되었다. 당시 레이온을 원료로 하는 탄소섬유 연구가 일반적이었으나, 신도 박사는 합성섬유인 아크릴을 원료로 탄소섬유 개발에 성공, 1961년 그 원리를 공개했다.

언더그라운드 연구

회사에 보고 의무가 없이 연구자의 자유 재량에 따라 연구할 수 있도록 인정하는 제도다. 3M이 근무 시간 15%를 연구원의 관심 분야에 투입하도록 인정하고 있다. 도레이는 연구 시간의 10~20%를 회사의 연구 테마와 무관하게 자유롭게 연구할 수 있다.

언더그라운드 연구와 탄소섬유

도레이는 1961년 일본카본과 공동 연구를 시작하면서 탄소섬유와 인연을 맺게 되었다. 다음 해 연구를 일시 중단했으나, 1967년 도레이의 기초연구소가 하이드록시에틸아크릴로니트릴 합성에 성공하면서 탄소섬유 연구를 재개하게 된다.

도레이는 하이드록시에틸아크릴로니트릴이 아크릴섬유의 흡수성 향상에 효과가 있지 않을까 하는 기대를 가지고 분석을 계속하던 중, 언더그라운드 연구를 통해 하이드록시에틸아크릴로니트릴의 화학 구조가 탄소섬유의 내염화耐炎化 기능을 향상시킨다는 점을 확인하고 특허를 출원한다.

하이드록시에틸아크릴로니트릴 화학 구조를 통해 탄소섬유의 가능성을 확인한 도레이는 이때부터 본격적으로 탄소섬유 연구를 했다. 1969년 탄소섬유 연구를 위한 '크로CROW 프로젝트'를 필두로 1970년에는 오사카공업기술시험소 신도 아키오 박사의 탄소섬유 특허 라이선스를 취득, 유니온카바이드와 기술 교환 계약을 체결했다. 1971년에는 고강도 탄소섬유 '토레카 T 300' 생산을 했는데, 당시 연간 생산 능력은 12톤으로 세계 최대 규모였다.

1971년에 생산한 도레이 탄소섬유 토레카 300

출처: 도레이 홈페이지

우주 항공 산업을 목표로 탄소섬유 연구

도레이는 처음부터 우주 항공 산업을 목표로 탄소섬유 연구를 진행해왔다. 따라서 탄소섬유의 강도에 영향을 주는 부분은 미크론 단위, 나노 단위의 결함까지 철저하게 해결해왔다. 그 결과 도레이는 보잉사에 탄소섬유를 독점 공급하고 있다.

도레이는 탄소섬유 연구를 재개하고 8년 후인 1975년에 처음으로 B737기의 2차 구조재 업체로 선정되었다. 2차 구조재는 항공기의 안전과 직접적인 연관이 없는 내장재에 쓰인다. 비행기 1기당 0.1톤의 탄소섬유 복합재료CFRP가 사용되는 수준에 그쳤다. 1981년 탄소섬유의 중간재인 프리프레그Prepreg가 2차 구조재로 승인되면서 1기당 CFRP 1.5톤 수준으로 사용량이 조금 늘어났다.

보잉 1차 구조재 업체로 선정

도레이가 보잉사의 1차 구조재 업체로 선정되는 과정은 이노우에 마사히로井上正広가 쓴《개정판 도레이改訂版東レ》에 잘 나타나 있다.

2차 구조재로 인정받고 14년이 지난 1989년이 되어서야 도레이는 B787기의 1차 구조재(비행기 동체, 날개 등에 사용되는 재료) 업체로 인정을 받았다. 그러면서 1기당 CFRP 10톤, 전체 재료에서 차지하는 비중이 12%로 대폭 증가했다. 2004년에는 비중 50%, 사용량 35톤으로 CFRP가 비행기의 주재료로 쓰인다.

보잉사는 B787에 탄소섬유를 사용함으로써 20% 정도의 연비 절감에 성공했다. 이러한 성과를 바탕으로 시애틀 인근 공장에서 B787기를 월 12대 정도 생산하고 있다. 도레이는 2006년 장기 공급 계약을 체결해 2021년까지 1조 엔 규모의 CFRP를 공급하게 되었다. 2015년에 계약 기간 연장은 물론 차세대 항공기인 B777X까지 CFRP 공급을 확대하기로 했다.

보잉, 원료 및 제품의 미국 내 생산을 요구

도레이는 보잉이 1차 구조재 채택의 전제 조건으로 내세운 원료 및 제품의 미국 내 생산 조건 충족을 위해 보잉사 공장 5분 거리에 프리프레그를 생산하는 TCA_{Toray Composites America}를 설립할 정도로 보잉의 요구에 철저하게 대응했다. 보잉의 생산이 본격화되면서 1997년에는 CFA_{Toray Carbon Fibers America, Inc.}에서 탄소섬유를 생산하는 등 미국에서 일관 생산 체제_{Integrated production system}를 확충해왔다.

탄소섬유 용도, 항공에서 자동차로 확산

1980년대부터 우주 항공 분야를 중심으로 탄소섬유 시장이 형성되었다면 앞으론 자동차 부품, 고압 수소 탱크 등으로 산업용 수요가 더욱 확대될 것이다. 탄소섬유는 고가여서 페라리, 맥라렌 등 일부 고급 스포츠카에만 쓰여오다가 2013년 발매한 전기차 BMW i3를 비롯해 렉서스의 LFA, 람보르기니의 라벤타도르 등 고급차 중심으로 확대되었다. 최근엔 자동차 경량화가 연비 향상의 중요한 흐름이 되면서 토요타의 연료 전지차인 미라이, 프리우스 등에서도 CFRP를 쓴다. 일반 승용차에도 CFRP가 쓰이는 날이 멀지 않았다.

열가소성 CFRP에 취약

CFRP를 자동차 부품으로 사용하려면 대량 생산을 위해 프레스 가공 등을 거쳐야 한다. 부품 가공을 하려면 재질이 부드러워야 하고, 대량 생산을 하려면 가격 경쟁력이 아주 중요하다. 그러나 도

> **열가소성과 열경화성**
> 열가소성은 열을 가하면 부드럽게 되고 모양에 따라 마음대로 변형할 수 있는 성질이며, 열경화성은 열을 가하면 단단하게 굳어지는 성질이다.

레이는 항공기가 요구하는 높은 강도를 충족시키기 위해 탄소섬유에 에폭시 수지를 첨가한 열경화성 CFRP에 특화되어 있었다. 다시 말하면 자동차 부품 등에 필요한 열가소성 CFRP에서는 취약한 구조를 가지고 있는 것이다.

M&A를 통한 경쟁력 강화

도레이는 이러한 약점을 극복하기 위해 저가품 시장에 강점을 가진 미국의 졸텍Zoltek(2013), 열가소성 복합재의 세계 최대 기업인 네덜란드의 TCAC 등의 매수(2018)를 단행했다. TCAC는 종업원 750명, 매출 270억 엔의 비교적 작은 기업인데도 연간 탄소섬유 매출액의 70%에 해당하는 1,230억 엔을 투입해 인수한 것에서 자동차 부품의 성장 가능성을 얼마나 크게 보고 있는지 알 수 있다.

보잉과 제휴를 바탕으로 우주 항공 분야에서 절대적 우위를 보이는 도레이는 세계 시장의 약 40%를 점유하고 있다. 탄소섬유 분야에서만 2013년 매출액 1,000억 엔을 돌파한 후 2019년에는 2,369억 엔을 기록했다. 탄소섬유 시장을 선도하면서 부족한 부분은 M&A 등을 통해 보강하는 도레이의 경쟁력은 당분간 계속될 것이다.

도레이에서 탄소섬유가 꽃을 피운 이유

그러나 탄소섬유 세계 시장 1위의 영광이 그냥 주어진 것은 아니다. 도레이가 일시 중단했던 탄소섬유 연구를 재개한 1967년부터 계산하더라도 8년이 지난 1975년에야 보잉의 2차 구조재 업체로 선정되고, 그로부터 14년이 지나 1차 구조재 업체로 선정된다. 그러고도 18년이 지난 2007년에야 처음으로 탄소섬유가 흑자를 기록했다. 40년간이나 적자를 기록했는데도 투자를 계속한 경우는 일본에서도 유례를 찾아보기 힘들다.

40년간 적자 사업에 투자

1990년대 들어 냉전이 종식되자 우주 항공 분야의 수요가 줄어들고 공급 과잉으로 탄소섬유 가격이 곤두박질친다. 적자가 커져가는 것을 견디지 못한 기업들은 탄소섬유 시장에서 철수를 결정한다. 듀폰, 바스프, 코털즈Courtaulds PLC. 등 세계 최고의 화학 기업들이 탄소섬유에서 철수하는 와중에도 도레이는 꾸준히 투자를 늘려왔다. 40년간이나 적자 사업에 대한 투자를 가능하게 한 힘은 무엇일까?

먼저 장기적 관점의 경영 체계를 들 수 있다. 도레이는 창업 60주년에 해당하는 1986년에 '새로운 가치 창출을 통해 사회에 공헌한다'를 경영 이념으로 설정하면서 소재를 통해 사회를 바꾼다는 가치가 회사 내에 확산되었다. 10년 단위의 장기 목표를 가지고 사회 변화를 예측, 필요한 소재를 개발해가는 프로세스를 정착해왔다.

모든 사장이 탄소섬유 투자를 지원

도레이는 40년간 적자를 지속하고 있던
탄소섬유에 총 1,400억 엔 이상의 연구
개발비를 쏟아부으며 미래 시장을 준비
해왔다. 게이단렌 회장을 역임하기도 했
던 사카키바라 사다유키榊原定征 도레이

사장은 2007년 〈도요게이자이닛보〉와의 인터뷰에서 "탄소섬유 사
업은 40년간 적자였다. 그러나 그 기간 동안 5명의 사장 모두가 적
자를 허용해왔다. 올해 처음으로 200억 엔 정도 이익이 날 것 같다"
라고 밝혔다. 다시 말하면 시장이 형성되지 않아 경쟁 기업들이 철
수하는 상황에서도 도레이의 경영층은 지속적으로 탄소섬유 개발
을 지원해왔다는 이야기다.

연구 개발을 중시하는 기업 풍토

도레이는 기초 과학 연구에 적극적이었다. 설립 초기부터 연구과를
설치해 나일론, 레이온, 합성섬유 등의 연구를 해왔던 도레이는 창
업 30주년 기념 사업으로 1956년 시가현에 중앙연구소를 설립해
연구 기능을 더욱 강화한다. 또 기초 연구의 필요성을 절감했던 도
레이는 1962년에 가마쿠라에 기초연구소를 설립했다.

중앙연구소가 기존 합성섬유의 공업화를 목적으로 한 실용 연
구를 했다면 기초연구소는 새로운 물질 및 합성 방법 연구가 목적
이다. 나일론의 새로운 원료 개발 과정에서 탄소섬유 개발의 단초
를 발견한 곳도 기초연구소다. 지금은 전 종업원의 8%에 해당하는

도레이 중앙연구소와 기초연구소

3,700명 정도의 연구 인력과 일본 12개 거점, 해외 15개 거점의 연구 체계를 가지고 있다. '연구, 기술 개발이야말로 도레이의 미래를 만든다'는 신념과 도레이의 연구 개발 중시 풍토를 잘 나타내주는 대목이다.

언더그라운드 연구의 역할

도레이의 언더그라운드 연구 시스템도 탄소섬유 개발에 큰 역할을 했다. CTO 아베 코이치阿部晃— 부사장은 "도레이의 연구진이 1961년 신도 박사가 발표했던 탄소섬유의 가치를 알아볼 수 있는 역량이 있었으며, 그러한 역량은 언더그라운드 연구를 통해 가능했다"고 밝히고 있다. 컬러 필터, 극세사, 자기 테이프용 필름 등도 언더그라운드 연구를 통해 개발했는데 도레이의 수익에 크게 기여해왔다.

　도레이의 탄소섬유 성공 배경으로 일본 정부의 역할을 빼놓을 수 없다. 일본 정부는 20여 년간 200억 엔 이상을 투입해 오사카공업시험소의 기초 연구, 신에너지산업기술종합개발기구NEDO의 국가연구프로젝트를 통해 탄소섬유의 기초 기술 확립을 지원해왔다.

신규 수요 발굴을 병행

또 한 가지 초장기 투자를 가능하게 했던 이유로는 신규 수요를 지속적으로 발굴해왔다는 점을 들 수 있다. 도레이는 항공기 구조재로서의 탄소섬유 연구 개발을 추진하면서도 개발 초기부터 스포츠 용품 위주로 탄소섬유의 새로운 수요를 발굴해왔다.

1970년대 들어 낚싯대, 골프 클럽용 샤프트, 테니스 라켓에 탄소섬유가 쓰이기 시작했다. 1972년 게이 브루어Gay Brewer가 CFRP 클럽을 사용해 우승함으로써 카본 파이버 샤프트 붐을 조성했다. 1976년에는 테니스 라켓 1위 기업인 윌슨사가 라켓 면을 키운 카본 파이버 라켓을 판매하면서 인기를 끌었다. 지금은 라켓 대부분을 탄소섬유로 만든다.

스포츠 용품에 이어 고압 가스 용기, 풍력 발전기용 블레이드, 자동차 부품 등 일반 산업용 부문에서도 수요를 발굴한 덕분에 미래 가능성을 확인하면서 탄소섬유의 장기 연구를 가능하게 했다.

40년 투자, 세계 시장 40% 점유

미래 성장성을 보고 40여 년간 지속적인 투자를 했기 때문에 세계 최고의 경쟁력을 가진 탄소섬유의 도레이가 존재한다는 사실을 꼭 기억하자. 아울러 장기적인 연구 개발을 가능하게 하는 시스템 확보와 미래 기술을 선별할 수 있는 경영 체계를 갖출 수 있도록 노력하는 자세가 필요하다.

세계 탄소섬유 시장은 도레이를 포함해 일본의 도호東邦테낙스, 미쓰비시레이온 등 3개사가 세계 시장의 70%를 차지하고 있다. 이밖에 독일 SGL, 대만 포모사플라스틱사가 각각 10% 수준을 차지하고 있으며 나머지 기업이 약 10%를 차지하고 있다.

여기에 우리나라의 효성첨단소재가 도전장을 던졌다. 효성은 2007년 탄소섬유 개발을 시작해 2011년에 자체 개발에 성공했고 2013년부터 양산을 시작했다. 2019년에는 향후 10년간 1조 원을 투자해 탄소섬유 분야에서 세계 3위로 올라서겠다는 포부를 밝히기도 했다. 도레이와 효성은 출발점에서 50년 이상의 차이가 난다. 우리나라의 스피드와 뚝심이 성공하기를 기대해본다.

Nitto

닛토덴코,
글로벌 니치 톱 품목 17개 보유

본사	오사카시 기타구 오후카초 4-20
대표이사	다카자키 히데오高崎秀雄
주요 품목	테이프, 필름, 필터, 의료 용품, 터치 패널 등
설립 연도	1918년
종업원	2만 6,001명
자본금	268억 엔
매출액	7,410억 엔
영업 이익	697억 엔
영업 이익률	9.4%

*2020년 3월기 연결 결산 기준, 억 엔 이하는 반올림

세계적인 경쟁력을 보유한 중견기업을 히든 챔피언으로 표현한다. 글로벌 시장을 주도하고 있지만 대기업같이 잘 알려져 있지는 않으니 '히든'이라는 표현을 사용했으리라. 히든 챔피언은 독일 경영학자 헤르만 지몬이 1996년 세계적인 경쟁력을 보유한 독일의 중견기업을 설명하면서 사용한 개념이다.

독일의 히든 챔피언, 일본의 GNT

독일에 히든 챔피언이 있다면 일본에는 GNT 기업이 있다. 니치는 틈새를 의미하니 GNT 기업은 틈새시장에서 세계 최고의 경쟁력을 보유하고 있는 기업을 지칭하는 표현일 것이다. 그중에서도 닛토덴코日東電工는 GNT를 상표 등록까지 할 정도로 회사의 경영 이념으로 삼고 있다. 액정용 편광판 등 세계 시장 점유율 1위 품목을 17개나 가지고 있는 기업이다.

닛토덴코는 1918년 전기 절연 재료 업체로 도쿄 오사키에 설립되었다. 1945년 미국의 공습으로 오사키 본사가 전부 파괴되자 공장이 있었던 오사카부 이바라키시로 본사를 이전했다. 지금도 본사는 오사카에 있다.

설립 초기에는 전선 및 발전기의 절연 재료 중심으로 사업을 전개했으나, 일본의 전력 인프라가 어느 정도 확충된 1960년대부터 적극적으로 사업 다각화를 추진했다. 1964년 전기 절연용 유리섬유 보강 플라스틱FRP 제품, 1966년에는 반도체 봉지재 재료 생산을 시작했다. 그 후 사업 구조를 전자 사업 위주로 조정해왔다.

'삼신 활동'을 통한 신제품 창출

여기까지는 일반적으로 성공한 기업에서 쉽게 들어볼 수 있는 이야
기다. 그런데 닛토덴코는 GNT를 경영 전략으로 설정하고 1957년부
터 '삼신三新 활동'을 통해 지속적으로 성공 사례를 만들어가고 있다.
제품 출시 3년 이내의 신제품 비율이 약 40%에 달할 정도로 항상
새로운 분야로 진출하고 있다. 영업 이익률도 10%를 넘고 있다.

삼신 활동은 전략적 경영의 아버지로 불리는 해리 이고르 앤소
프Harry Igor Ansoff의 성장 매트릭스와 매우 유사한 개념이다. '새로운
용도의 개발과 새로운 제품의 개발을 통해 새로운 수요를 창출한
다'라는 어찌 보면 지극히 단순한 경영 철학이다.

기존 기술을 바탕으로 새로운 용도, 새로운 시장 진출

지금까지 취급하지 않았던 새로운 제품으로 신시장에 진출하는 것
은 대단히 어려운 일이다. 삼신 활동은 기존 기술을 활용해 새로운
용도를 개발하거나, 새로운 기술을 바탕으로 기존 시장에 통하는
신제품을 먼저 개발하고 이를 새로운 시장, 새로운 기술로 진화시켜
완전히 새로운 수요를 창출해나간다는 전략이다.

닛토덴코의 삼신 활동은 테슬라, 애플, 아마존 등과 같이 완전히
새로운 제품, 새로운 서비스로 신시장을 창출하는 미국식 혁신과는
차이가 있지만, 부품소재 분야에서 성공 가능성이 높은 단계적 혁
신 전략을 추진하고 있다. 이러한 전략을 50년 이상 꾸준히 실천한
결과 닛토덴코의 DNA로 정착되어 지속적으로 탄탄한 성과를 내는
원동력으로 자리 잡고 있다.

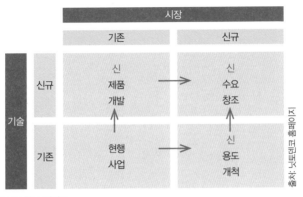

출처: 닛토덴코 홈페이지

닛토덴코의 삼신 활동 체계도

성장 초기에 차별화를 통해 시장을 선점

또 한 가지 삼신 활동에서 성장 초기에 시장 점유율을 확보하는 것
이 중요하다. 이미 성숙한 시장에 후발 주자로 진출해 치열한 가격
경쟁을 하는 것보다 상대적으로 경쟁이 덜한 성장 초기에 타사와의
차별화를 통해 진입 장벽을 만들고 경쟁력을 갖추고 있으면 시장이
확대되면서 자연스럽게 이익이 확보된다는 사고방식이다.

　성장 초기에 시장을 선점한다는 것은 자연스럽게 장기적 관점에
서 경영을 가능하게 한다. 미래 가능성이 있다고 판단되는 기술은
당장 이익이 발생하지 않더라도 초기 단계에서 세계 시장을 선점하
고자 하는 전략 덕분에 몇 십 년을 투자하는 것도 가능하다. 닛토덴
코의 야마시타 준山下潤 경영전략통괄부장은 "고객 수요보다 반 보
앞에 있는 기술은 유지시킨다. 커다란 투자를 할 수는 없지만, 싹을
자르는 일을 하지 않는 게 원칙"이라고 밝히고 있다. 어떤 기술에 투
자를 계속할지는 매월 개최되는 기술전략회의에서 결정한다.

출처: 닛토덴코 홈페이지

닛토덴코의 터치 패널 필름, 화면 보호 필름

가능성이 있으면 30년도 투자

ITO 필름은 전도성 필름으로 스마트폰 터치 패널용으로 쓰이고 있는데 닛토덴코가 세계 시장의 70% 정도를 장악하고 있다. 닛토덴코는 ITO 필름에 적용되는 산화물 코팅 기술의 연구 개발을 30년 전부터 시작했다. 1980년대에 이미 제품화에 성공했으나 당시에는 수요가 거의 없었다. 1990년대에도 가라오케 단말기에 쓰이는 정도로 수요는 미미한 니치 마켓이었다. 그러나 스마트폰의 등장으로 2000년대에 들어서자 터치 패널 수요가 급팽창했다. 그 결실은 세계 시장 석권이라는 형태로 고스란히 닛토덴코의 몫이 되었다.

고객 우선이 가져온 결실

닛토덴코는 고객 우선을 통해 위기를 기회로 만들면서 지금은 세계 편광 필름 시장의 40%를 차지하고 있다. 2000년대 후반 글로벌 경기 침체의 영향으로 액정 TV 수요가 급감하면서 계기가 마련되었다. TV 수요가 줄어들면서 가격 인하 압력이 거세졌고, 자연스럽게 편광 필름을 포함한 부품소재의 납품 가격도 인하 요구가 많았다. 생산 효율 개선만으로는 가격 인하 요구에 대응하기 어려운 상황에서 나온 해답이 '롤 투 패널Roll to Panel'이었다.

당시 광학 필름 메이커는 폭 2m의 롤 상태로 필름을 생산한 후 사이즈별로 절단해 TV 메이커에 제공했다. 닛토덴코는 여기서 그치지 않고 고객에게 한 발 더 다가갔다. 롤 상태의 필름을 고객인 TV 생산 공장으로 가지고 가서 현장에서 절단하고 액정 패널에 부착하는 것까지를 포함한 토탈 서비스를 제안했다. 고객 기업의 반응은 뜨거웠다. 비즈니스가 이런 수준까지 일체화되면 특별한 사정이 없는 한 납품 기업을 다른 기업으로 변경할 수 없다.

폐수 처리에서 해수 담수화 프로젝트로

삼신 활동의 새로운 용도를 개척한 사례로 담수화 프로젝트 진출이 좋은 케이스가 될 것이다. 닛토덴코는 반도체 공장에서 쓰는 폐수 정화 필터를 생산하고 있었다. 1980~1990년대의 일본 반도체 활황 시기에는 반도체 공장을 계속 건설했기 때문에 폐수 정화 및 필터 생산 기업도 비교적 수월하게 비즈니스를 할 수 있었다. 그러나 일본 반도체 산업이 경쟁력을 상실하면서 신규 공장 건설이 중단되다시피 하자 폐수 처리 산업도 급속하게 쇠퇴했다. 당연히 많은 기업이 퇴출되는 수순을 밟았다.

닛토덴코의 필터 사업도 어렵기는 마찬가지였다. 어쩔 수 없이 필터 세정 및 교환 등 유지 보수를 하면서 활로를 모

담수화
바닷물에서 염분 등을 제거해 음용수, 생활 용수, 공업 용수 등을 얻어내는 과정이다.

색할 수밖에 없었다. 그러던 중에 해수 담수화 분야를 목표 시장으로 선정하게 된다. 지구상의 물은 해수가 97.5%를 차지하고 있고 담수는 2.5%에 불과하다. 세계 각지에서 물 부족 현상이 나타나 시장은 충분하다고 판단한 것이다.

사양 산업에서 성장 산업으로 변신

해수 담수화는 멤브레인Membrane이라는 분리막 기술 덕분에 가능했다. 폐수 정화용 역침투막 기술을 베이스로 해수 담수화라는 새로운 용도로 확대시켜 사양 산업을 성장 산업으로 바꾼 것이다. 게다가 다른 기업들이 필터 판매에 그쳤다면 폐수 처리에서의 유지 보수 경험을 살려 서비스까지 세트로 제공할 수 있는 솔루션 프로바이더로 등장할 수 있었다.

　분리막을 통과하는 용액의 불순물을 제거하는 멤브레인 기술도 개발 초기에는 일부의 폐수 처리에만 사용될 정도로 용도가 제한적이었다. 그러다가 반도체 세정용으로 쓰이는 초순수 제조를 위해 멤브레인 기술을 활용하면서 수요가 급증하게 된다. 우리나라에서는 최근에야 반도체용 초순수超純水 국산화 및 경쟁력 확보를 위한

출처: 닛토덴코 홈페이지

닛토덴코의 해수 담수화용 멤브레인

토론회를 하고 있다. 이 분야의 한일 간 격차가 상당하다.

순수純水는 농도가 낮은 쪽에서 높은 쪽으로 흘러 들어간다. 이것이 삼투압의 원리다. 그러나 농도가 높은 쪽에 삼투압보다 높은 압력을 가하면 순수는 농도가 높은 쪽에서 낮은 쪽으로 이동하는데 이를 '역삼투'라 한다. 고압 펌프로 염분 농도가 높은 해수를 지름 100만 분의 1mm의 미세한 구멍으로 만들어진 역침투막을 통과시킴으로써 염분과 불순물이 제거되고 담수가 만들어지는 원리다.

해수 담수화 프로젝트, 글로벌 전략 사업으로 발전

역침투막 기술의 최대 고객은 수水처리 플랜트 기업이다. 세계적으로 수처리 분야에 가장 힘을 쏟고 있는 나라는 싱가포르다. 싱가포르는 해양으로 둘러싸여 있으면서도 물은 말레이시아에 의존하고 있다. 그래서 국가 4대 프로젝트의 하나로 '워터 허브'를 구상하고 2004년 싱가포르 공익사업청이 중심이 되어 세계 최대의 담수화 프로젝트를 추진하고 있다. 닛토덴코는 수처리 전문 엔지니어링회사인 하이플럭스Hyflux와 제휴해 싱가포르에 성공적으로 진출했다.

닛토덴코의 싱가포르 진출은 높은 기술력 덕분이다. 폐수 처리 시장의 경험을 바탕으로 수처리 산업에 진출하기로 결정한 닛토덴코는 1987년에 미국의 하이드로노틱스Hydranautics를 인수했다. 그 후 1995년 초저압 침투막, 1997년 내오염성 침투막 개발 등 수처리 기술을 이끌어왔다. 세계적으로도 담수화에 필요한 역침투막 기술을 보유하고 있는 기업은 다우케미칼, 도레이, 닛토덴코 정도다.

닛토덴코의 '글로벌 넘버원 전략'은 여기서 그치지 않는다. 전략,

연구 개발, 생산 기능을 유기적으로 결합하는 글로벌 인프라 구축으로 진화하고 있다. 2006년에는 분리막 사업의 본부 기능을 미국으로 이관했으며 2008년에는 싱가포르에 테크니컬센터를 설립해 R&D 허브로 만들었다. 중국을 모듈 생산 거점으로 육성함으로써 일본은 자연스럽게 글로벌 지원 기능을 담당하게 되고, 이런 과정을 통해 글로벌 인프라 구축은 거의 완성 단계에 이르렀다.

점착 기술을 의료 바이오에서 활용

최근 닛토덴코가 역량을 집중하는 분야는 핵산 의약 등 바이오 분야다. 전자 부품 기업의 특성이 강한 닛토덴코에게 바이오는 약간 동떨어진 분야로 인식되기 쉬운데 삼신 활동을 통해 의료 분야 진출에도 성공한다. 닛토덴코는 기본 기술인 점착 기술을 활용해 1967년 의료용 점착 테이프, 1978년 피부 질환용 테이프를 사업화했다. 1983년에는 협심증 치료약 용도로 경피 흡수약을 출시하는 등 기술적 난이도를 향상시켜왔다. 1998년에는 세계 최초로 천식 치료용 점착 테이프 약제를 판매했다.

주사의 고통에서 해방될 수 있을까

물론 약제는 제약회사에서 만들고, 닛토덴코는 점착 기술을 활용해 약 성분의 투입량과 투입 속도를 제어하도록 하는 기능성 테이프 생산을 담당하고 있다. 특히 약 성분을 안정적으로 흡수해야 하는 협심증, 고혈압 등으로 적용 범위를 확대하고 있다. 일본 시장 점유율은 50%를 넘어서고 있다.

닛토덴코는 여기에서도 신기술 적용을 시도한다. 기존의 점착 테이프는 분자량이 적은 일부의 약제에만 적용할 수 있었다. 이를 극복할 방법으로 소형 장치를 이용해 피부에 미세 구멍을 만들고 그 위에 약제 테이프를 붙여 주사를 대신할 수 있는 투약 방법을 시도하고 있다. 미세 구멍은 신경 및 혈관에 닿지 않아서 출혈이나 고통은 없다. 이 기술은 미국에서 임상 중에 있다. 성공할 경우 당뇨병 등 만성 질환, 항암제 등의 투약에 적용할 수 있다. 주사에 대한 공포나 통증에서 해방될 날을 기대해본다.

GE+3M

닛토덴코는 삼신 활동을 통해 신제품 비중을 40% 수준으로 유지하고자 한다. 닛토덴코의 전임 회장 나기라 유키오柳楽幸雄는 회사의 목표를 'GE+3M'이라고 밝힌 적이 있다. 닛토덴코는 3M과 같이 시장 규모가 작더라도 신상품을 계속 투입하고, GE와 같이 1~2위 제품으로 발전시키는 기업을 목표로 한다.

닛토덴코의 2019년 매출은 7,410억 엔에 달하고, 영업 이익률은 9.4%를 기록했다. 매출의 절반 이상은 세계 시장 점유율 1위 품목에서 나오고 있다. 100여 년 전 절연 테이프를 생산하는 조그만 중소기업으로 출발해 편광 필름, 담수화 필터, 의료용 점착 테이프 등 세계 시장 점유율 1위 품목을 17개나 보유하고 있다니 놀라울 따름이다. 닛토덴코의 세계 1위 품목 행진은 언제까지 계속될까? 오늘의 닛토덴코를 있게 한 삼신 활동, GNT 전략 등에서 우리 기업은 어떤 시사점을 얻을 수 있을지 생각해볼 필요가 있다.

JSR,
글로벌 네트워크로 계열의 벽을 넘다

본사	도쿄도 미나토구 히가시신바시 1-2-9
대표이사	에릭 존슨
주요 품목	합성수지, 포토레지스트, LCD 재료 등
설립 연도	1957년
종업원	8,748명
자본금	233.7억 엔
매출액	4,720억 엔
영업 이익	329억 엔
영업 이익률	7.0%

*2020년 3월기 연결 결산 기준, 억 엔 이하는 반올림

2019년 7월 1일 일본 경제산업성은 반도체 및 디스플레이 핵심 소재인 극자외선EUV 포토레지스트(감광제), 불화수소, 플루오린 폴리이미드 3개 품목에 대해 한국으로의 수출을 규제한다고 발표했다. 자유무역 흐름과 글로벌 밸류 체인 확대의 가장 큰 수혜자인 일본이 이율 배반적인 수출 규제책을 들고나온 것이다. 우리 반도체 산업의 경쟁력이나 세계 시장에서 차지하는 절대적 비중을 감안하면 일본의 수출 규제가 당초 일본 정부가 의도하던 대로 전개되지는 않을 것이다. 이는 그동안의 진행 상황에서도 충분히 알 수 있다. 그러나 이들 품목이 우리나라 주력 산업인 반도체와 디스플레이의 핵심 소재이고 일본에 대한 의존도가 높은 현실을 감안하면 우리 경제에 잠재적인 위협 요인이 하나 더 늘어난 것 또한 사실이다.

반도체 성능과 노광 공정

반도체의 성능은 웨이퍼에 얼마나 많은 회로를 그려 넣을 수 있는가에 달려 있다. 그래서 집적도를 높이기 위해 10나노, 7나노, 3나노 등 사활을 건 초미세 가공 경쟁을 벌이고 있다. 반도체 회로의 집적도를 결정하는 가장 중요한 공정이 노광露光 공정이다.

노광 공정은 빛을 조사照射해 웨이퍼에 반도체 회로를 그리는 공정이다. 노광 장치Stepper를 통해 웨이퍼에 빛을 비추면 웨이퍼에 도포되어 있는 포토레지스트가 빛에 반응해 화학 변화를 일으키면서 웨이퍼에 회로가 새겨진다. 그 후 식각Ething, 박막 증착Deposition, 금속 배선Metal lining, 테스트, 패키징 등을 통해 반도체가 완성된다.

포토레지스트는 JSR, 신에츠화학공업, 도쿄오카공업TOK, 스미토모화학, 후지필름 등 일본 기업이 세계 시장의 90% 이상을 독점하고 있다. 특히 JSR이 최대 시장 점유율을 차지한다. 일본이 우리나라에 수출을 규제했던 EUV용 포토레지스트는 차세대 시스템 반도체 개발 등 비메모리 시장의 초미세 가공 기술 경쟁에서 없어서는 안 되는 중요한 소재다.

국영 합성고무 기업으로 탄생한 JSR

JSR은 합성고무 전문 국영 기업으로 출발한 독특한 이력이 있다. 일본 정부는 1957년에 천연고무 가격 급등 대책의 하나로 합성고무 국산화를 추진하면서 '합성고무 제조 사업 특별 조치법'을 제정했다. 이 법률에 근거해 설립된 일본합성고무(주)는 일본 정부가 40%를 출자하고 세계 최대의 타이어 기업인 브리지스톤이 민간 최대 주주로 참가했다. 그런 연유로 브리지스톤 창업자인 이시바시 쇼지로石橋正二郎가 JSR의 초대 사장으로 취임했다. 지금도 브리지스톤이 JSR의 최대 주주다.

이후 1969년에 특별 조치법이 폐지되어 순수 민간 기업으로 전환되었다. 창업 40주년이 되는 1997년에 일본합성고무Japan Synthetic Rubber의 영문 첫 글자를 따서 JSR로 회사명을 변경했다. JSR 설립 당시 일본은 타이어 원료인 합성고무에 대한 기술이 거의 없어 굿이어 등 미국의 설계 기술에 의존해서 공장을 건설해야 했다. 다행히 1960년대 일본 경제가 호황을 거듭하면서 1968년 치바 공장, 1971년 가시마 공장을 추가 설립하는 등 출발은 순조로웠다. 치바 공장을 건설할 당시에는 동독의 화학장치수출입공사에 약 7억 엔

1960년 JSR 욧카이치 공장 준공식과 SSBR 플랜트

의 로열티를 받고 기술을 수출할 정도로 국제적으로 기술력을 인정받는 수준까지 발전했다.

사업 다각화, 반도체 소재 기업으로 변신

그러나 격변의 시대로 기억되는 1970년대 들어서 세계 경제가 어려워지자 JSR도 곤경에 직면하게 된다. 베트남전쟁으로 재정 적자와 달러 강세에 따른 무역 적자를 견디지 못한 미국은 1971년에 달러와 금을 교환해주는 금 태환 중지를 선언한다. 이른바 닉슨 쇼크가 발생하면서 달러의 가치가 하락하고 세계 금융 시장이 소용돌이치게 된다. 이어서 1973년의 석유 파동으로 유가가 급등하면서 원자재 가격 상승의 직격탄을 맞은 JSR은 1975년에 적자를 기록한다.

JSR은 1970년대의 글로벌 경제 위기를 경험하면서 안정적인 경영 기반, 즉 지속 가능 경영을 하려면 사업 다각화가 필요하다는 생각을 한다. 접착제, 건자재, 서비스업 등 다양한 분야의 가능성을 고민하게 된다. 그중 하나가 포토레지스트다. 합성고무 생산으로 길러진 고분자 배합 기술을 기반으로 네거티브 레지스트를 생산하면서 1979년에 반도체 재료 사업에 발을 내디딘다.

계열의 장벽과 글로벌 시장 진출

그러나 JSR에게 포토레지스트 시장은 그리 호락호락하지 않았다. 1968년에 일본에서 가장 먼저 포토레지스트를 생산한 TOK 등이 당시 시장을 장악하고 있었다. 특히 반도체 메이커와 소재 기업 사이에 계열 관계를 포함해 장기간의 협업 관계가 구축되어 있어서 JSR이 파고들 여지가 별로 없었다. TOK는 히타치제작소와 공동 연구를 추진하는 등 밀접한 관계를 형성하고 있었다. 스미토모화학은 NEC와 같은 스미토모그룹 기업이다.

JSR은 해외에서 돌파구를 찾았다. 1985년에 벨기에 루벤대학 미세전자공학연구소IMEC, 응용 화학 기업인 UCB와 공동으로 차세대 반도체 프로세스 기술인 디자이어DESIRE 프로젝트를 추진했다. JSR은 전용 레지스트, 드라이 현상 장치 등의 개발을 담당하고 연구진을 파견하는 등 적극적으로 디자이어 프로젝트에 참가했으나 실패로 끝났다. 다른 프로세스에서 연구가 진행되었던 웨이퍼 가공 면을 평탄하게 하는 화학적 기계적 연마CMP 기술 및 레지스트의 전사성轉寫性을 높이기 위해 도입된 반사 방지막 기술 등이 채택되면서 디자이어 프로세스는 궤도에 오르지 못했다.

글로벌 프로젝트 실패가 남긴 자산

비록 디자이어 프로젝트는 실패로 끝났지만 JSR에게는 향후 발전의 밑거름이 되었다. 그중 하나는 JSR 연구진이 반도체 공정의 전체 과정을 이해할 수 있게 되었다는 점이다. 디자이어 프로젝트가 포토레지스트뿐 아니라 실릴레이션Silylation 장치, 드라이 현상 장치 등을 포함하고 있어 반도체 공정 전반을 이해할 수 있는 기회를 제공해주었다. 이러한 지식 기반은 반도체 공정이 미세화되어감에 따라 반도체 기업과의 협력 과정에서 매우 중요한 역할을 하게 된다.

글로벌 네트워크 형성

또 다른 중요한 자산은 공동 연구 파트너였던 IMEC와 UCB, 연구 과정에서 형성된 반도체 기업과의 네트워크다. 디자이어 프로젝트를 통해 구축한 네트워크를 바탕으로 미일반도체협정(1986~1995)이라는 특수한 상황인데도 IBM(미국)-지멘스(유럽)-도시바(일본)가 주도하는 256메가디램 개발 프로젝트인 트라이어드TRIAD에 참가할 수 있었다. JSR은 TRIAD 프로젝트를 통해 불화크립톤KrF, 불화아르곤ArF 등 심자외선DUV용 레지스트 개발에서 경쟁 기업들보다 한 발 앞서갈 수 있었다. 이때 구축한 IBM과의 관계도 지속적으로 발전해 2000년에는 공동 연구를 추진한다. 2007년부터 IBM의 캘리포니아주 알마덴 리서치센터에 JSR 연구진을 상주시키는 단계로까지 발전한다.

한편 IMEC는 2000년 이후 세계 최대 반도체 장비 기업인 ASML과 배타적 협력 관계를 맺고 반도체 프로세스의 연구 개발 거점으로 변모했다. 2018년에는

> **싱글 패터닝**
> 원하는 회로를 한 번에 찍어내는 것을 말한다. 미세 회로 공정을 위해 여러 번의 공정을 통해 찍어내는 방법도 있다. 동일한 회로를 한 번에 찍어낼 수 있으면 그만큼 생산성이 높아진다.

ASML과 공동으로 EUV연구소를 설립했으며 2020년 초에는 기존 EUV 노광기로 3나노 싱글 패터닝을 구현했다고 발표하면서 주목을 받고 있다.

합작으로 미국 시장 진출

벨기에 종합 화학 기업인 UCB와 합작으로 시작한 미국에서의 포토레지스트 합작 사업은 JSR의 성장에 결정적인 역할을 했다. JSR은 1990년 합작 기업인 UCB-JSR Electronics, Inc.를 설립해 g선과 i선 레지스트를 생산·판매하기 시작했다. 당시에는 미국의 무역 적자가 누적되면서 반도체를 둘러싼 무역 마찰이 끊이질 않아서 JSR로서는 마케팅을 적극적으로 전개할 상황이 아니었다.

그러나 곧 기회가 찾아왔다. 모토로라에 납품하던 미국 기업에 문제가 생기면서 납품 기회를 포착하게 된 것이다. 처음에는 전체 사용량의 20% 정도로 보조적 입장에서 납품을 했으나 곧 필요 수량 전체를 JSR이 담당하게 되었다. 당시 미국 제품을 구매하자는 '바이 아메리칸Buy American'의 분위기가 강했고 선봉에 모토로라가 있었던 것을 감안하면 아이러니하지만, 우수한 품질은 어떠한 상황에서도 통한다는 것을 여실히 보여준 것이다.

UCB 지분 전량 매수

JSR은 합작 투자 후 1993년에 UCB에서 지분을 사들여 100% 자회사로 만들고 회사명을 JSR Microelectronics, Inc.로 변경했다. 2002년에 JSR Micro, Inc.로 변경해 오늘에 이른다. 100% 자회사로

출처: JSR 홈페이지

JSR Microelectronics, Inc.

편입한 후 JSR은 미국 시장 마케팅을 훨씬 공격적으로 전개해 세계 1위의 레지스트 기업으로 발전하는 데 핵심적인 역할을 하고 있다.

JSR은 미국에 합작법인을 설립하면서 미국 유학 경험이 있었던 34세의 젊은 연구원 고시바 미쓰노부小柴滿信를 발탁, 파견했다. 회사에서 주어진 미션은 하나 '3년 내에 흑자를 달성하라'는 것이었다. 바로 그 3년이 되어가는 시점에 UCB 주식 매입 건이 수면으로 떠올랐다. 이때 고시바는 "내년에는 반드시 흑자를 달성할 테니 UCB 지분을 매수해달라"고 아사쿠라 다쓰오朝倉龍夫 사장에게 직소했다는 유명한 일화가 있다. 실제로 다음 해 흑자를 기록했다.

UCB 지분 매수 과정에서 본 JSR의 조직 분위기

고시바는 2009년 이후 10년간 JSR 사장을 역임하고 2019년 회장에 취임했다. 30대 중반의 젊은 나이에 경영자 같은 판단을 할 수 있다는 것이 개인의 역량일까 아니면 회사의 분위기일까. 사장에게 직소할 수 있었던 고시바 지사장이나 젊은 직원의 제안을 귀담아 들어준 아사쿠라 사장에게서 JSR은 국영 기업에 뿌리를 두고 있으니 다소 권위적일 것 같은 선입견은 빗나갔다. 열린 마음의 혁신적인 경영자의 자질을 보는 듯하다.

JSR은 g선 레지스트와 i선 레지스트 시대까지는 계열의 벽을 뚫지 못했다. 그러다가 1990년대 후반 DUV용 레지스트를 시장에 출시하면서 JSR의 경쟁력이 두각을 나타내게 된다.

JSR의 세계 시장 점유율은 1995~2000년까지 17% 내외에서 큰 변화를 보이지 않았다. 그러다가 2003년에 20%를 넘어서고 2007년에 28% 수준에 이른다. 지금은 약 24% 수준을 기록하고 있다. DUV 시대에 세계 1위 기업으로 성장할 수 있었던 JSR 경쟁력의 원천은 무엇일까?

철저한 현지 밀착 경영

먼저 철저한 현지 밀착 전략을 들 수 있다. JSR은 완전 자회사로 변신한 캘리포니아의 JSR Micro, Inc.에 최정예 개발 인력을 배치했다. 국내 연구소보다 먼저 최신 장비인 불화크립톤 노광 장치를 구매해 미국 반도체 기업과 같은 환경에서

> **노광 장치**
> 노광 장치의 광원은 g선, i선, 불화크립톤, 불화아르곤, EUV로 갈수록 빛의 파장이 짧아져서 미세 가공에 적합하다. 광원별 파장은 g선 436nm, i선 365nm, 불화크립톤 248nm, 불화아르곤 193nm, EUV 13.5nm다.

제품을 개발하고 테스트할 수 있게 했다. 필요하다면 현지 연구 인력 및 세일즈맨 스카우트를 포함한 상당 수준의 인사권을 지사장에게 부여하면서 고객과의 관계를 강화해나갔다.

한편 다른 일본 반도체 기업들은 신규 투자보다 i선 노광 장치를 계속 사용하고 있었다. 계열 관계에 있는 레지스트 업체도 대체로 분위기는 비슷했다. 이들 기업은 2000년 전후 불화아르곤이 대세가 되면서 자연스럽게 퇴출되는 과정을 밟는다.

JSR의 글로벌 네트워크

다음으로 글로벌 네트워크를 활용한 제품 개발 능력을 들 수 있다. JSR은 1985년 IMEC와 디자이어 프로젝트를 추진하면서부터 다져진 협력 관계를 바탕으로 IBM, ASML 등 세계적인 기업과도 네트워크를 확장할 수 있었다. 반도체 성능 향상을 위한 미세 공정의 흐름이 빨라지면서 포토레지스트도 이에 대응할 수 있는 품질 수준을 갖춰야 했는데, 이때 글로벌 네트워크는 큰 역할을 했다.

1999년에 시작된 IMEC의 '193nm 광리소그래피' 프로젝트도 글로벌 네트워크가 있었기에 가능했다. JSR은 IMEC 프로젝트에 참가함으로써 다른 기업보다 빨리 ASML의 노광 장치로 직접 테스트를 하면서 불화아르곤용 레지스트를 개발할 수 있었다. 그만큼 유리한 입장에서 불화아르곤 시장을 장악해나갈 수 있었던 셈이다.

최첨단 EUV 레지스트 합작으로 발전

EUV 포토레지스트 생산을 위해 2016년 IMEC와 합작으로 극자외선 RMQC를 벨기에에 설립했다. IMEC 그리고 ASML로 이어지는 EUV 노광 장치와 포토레지스트의 결합은 더욱 강화될 것이다.

1999년 이후 시작된 인텔, IBM과의 엔지니어 교류도 JSR의 마켓 지향형 연구 개발에 큰 도움이 되고 있다. 젊은 연구원들이 글로벌 현장을 체험함으로써 연구 개발뿐 아니라 경영 전략을 제안하는 등 전체적인 조직 역량이 강화되고 있다. 한마디로 경쟁력의 원천이 된다. JSR은 연구원을 생산 부서 책임자로 배치하는 등 인사 측면에서도 연구 부문과 시장 부문의 교류를 더욱 촉진시키고 있다.

해외에서 길을 찾다

JSR은 합성고무를 생산하기 위한 국영 기업으로 출발했다. 석유 위기 등을 겪으면서 경영 안정을 위한 사업 다각화의 필요성을 절감한 JSR은 고분자 합성 기술을 활용할 수 있는 포토레지스트 시장에 진출했다. 그러나 포토레지스트 시장에서는 후발 주자였으며 계열이라고 하는 진입 장벽이 존재하고 있었다. 해외로 눈을 돌린 JSR은 벨기에의 IMEC라는 평생의 파트너를 만나면서 포토레지스트 최강자 자리에 오르게 된다.

글로벌화를 통해 포토레지스트 시장에서 성공을 거둬서일까? JSR은 2019년에 미국 주재 상무인 에릭 존슨을 본사 CEO로 전격 발탁하면서 헬스케어 부문을 CEO 직속 부서로 개편했다. JSR이 차세대 전략 사업으로 추진하고 있는 헬스케어 사업에서도 더욱 적극적으로 글로벌화를 추진할 것으로 보인다.

일본 기업이 장악한 포토레지스트 시장

포토레지스트는 일본 기업이 90% 이상을 점유하고 있다. 일본에는 도시바, 히타치, NEC 등 세계 최강이었던 반도체 기업이 있다. 노광 장치를 만드는 니콘이나 캐논 같은 반도체 제조 장치 기업도 있다. 포토레지스트 산업이 발달한 것은 어쩌면 당연한 결과일지 모른다. 그러나 반도체 기업은 물론 반도체 장비 기업과 어떤 계열 관계도 없는 JSR이 글로벌 시장에서 최고의 시장 점유율을 차지할 수 있는 저력은 어디서 나오는 것일까.

삼성전자나 하이닉스 같은 세계 최고 수준의 반도체 기업이 존재하는 상황을 감안하면 우리나라도 글로벌 소재 기업이 탄생할 수 있는 토양이 충분하다. JSR 같은 혁신적인 기업의 등장을 기대해봄 직하다.

신에츠화학공업,
초절약 경영으로 세계 시장 석권

본사	도쿄도 치요다구 오테마치 2-6-1
대표이사	사이토 야스히코斎藤恭彦
주요 품목	실리콘 웨이퍼, 염화비닐수지
설립 연도	1926년
종업원	2만 1,735명
자본금	1,194억 엔
매출액	1조 5,435억 엔
영업 이익	4,060억 엔
영업 이익률	26.3%

*2020년 3월기 연결 결산 기준, 억 엔 이하는 반올림

신에츠信越화학공업은 일반인에게 화려한 느낌을 주는 이미지는 아니다. 1926년 회사를 설립하면서 질소비료를 생산하기 시작했고, PVC로 알려진 염화비닐수지를 생산하는 기업이다. 나가노현과 니가타현의 옛날 지명인 시나노信濃와 에쓰고越後의 앞글자를 하나씩 가져와서 만든 신에츠라는 회사명도 그저 평범하기만 하다.

반도체용 웨이퍼, 염화비닐 세계 최대 기업

그러나 결산 보고서 한 페이지만 넘기면 신에츠화학공업이 얼마나 대단한 회사인지 금방 알게 된다. 반도체용 웨이퍼와 염화비닐의 세계 최대 기업이고, 실리콘과 포토레지스트는 세계 3위에 해당한다.

2019년 매출은 1조 5,435억 엔(약 17조 원)으로 화학 기업으로 보면 그리 놀랄 만한 규모는 아니지만, 영업 이익률은 26.3%로 업계 선두를 달리고 있다. 범용수지인 PVC에서조차 20%의 영업 이익률을 기록하고 있다. 우리나라 최대 화학 기업인 LG화학과 비교해보면 매출액은 60% 수준이면서도 영업 이익은 2배 가까이 된다.

신에츠화학공업은 1926년 일본질소비료와 시나노전기의 합작으로 설립해 다음 해부터 질소비료를 생산했다. 1940년에 신에츠화학공업으로 이름을 변경하고 1953년에 실리콘, 1956년에 PVC 생산을 한다. PVC 및 관련 제품의 2019년 매출은 4,843억 엔으로 전체 매출의 3분의 1 정도를 차지하는 중추 사업으로 성장했다.

첨단으로 무장한 PVC 산업

신에츠화학공업은 PVC 생산 초기부터 대형 중합기를 사용했고, 전산 제어를 할 정도로 선진 기술을 확보하고 있었다. 많은 기업에서 기술 수출 요청이 있었고, PVC 파이프를 생산하고 있던 미국의 로빈 테크Robintech도 그중 하나였다. 로빈테크에서 기술 수출 제안을 받은 신에츠화학공업은 역으로 합작 투자를 제안했다. 각각 250만 달러를 출자해 신테크Shintech를 설립, 텍사스주 프리포트에 연간 10만 톤을 생산할 수 있는 설비를 갖추고 1974년부터 생산에 들어갔다. 설립 초기 미국 시장 점유율은 3%로 미국 기업 21개사 중 13위에 불과했다. 처음 시작한 미국에서의 사업이 궤도에 오르기 전에 1973년 시작된 1차 오일 쇼크가 심각할 정도로 영향을 끼쳤다. 합작 파트너였던 로빈테크가 경영 위기에 처하면서 지분 50%를 사들여야 하는 문제에 봉착했다.

출처: 신에츠화학공업 홈페이지

신테크 공장 및 PVC 생산 제품

합작 기업이었던 신테크, 완전 자회사로

오일 쇼크 후 가장 어려운 시기에 로빈테크의 지분을 인수해 신테크를 100% 자회사로 만드는 안에 대한 신에츠화학공업 이사회의 반대는 쉽게 상상할 수 있을 것이다. 그러나 나중에 신테크 사장으로 취임하는 가나가와 치히로金川千尋 상무가 인수 안을 적극 찬성했다. 오다기리 신타로小田切新太郎 사장이 이를 승인해 1976년 1,000만 달러(약 30억 엔)를 지불하고 자회사로 편입시킨다.

신테크 지분을 매입하고 2년 후 신에츠화학공업 본사도 오일 쇼크의 영향을 피해가지 못했다. 종업원 2,800명의 20%가 넘는 600명을 구조 조정할 정도였으니 당시의 M&A가 얼마나 어려운 결단이었는지 짐작이 갈 것이다.

2001년, 세계 최대의 PVC 기업으로

결과적으로 신테크 M&A는 신의 한 수가 되었다. 1990년 연간 생산 능력이 90만 톤으로 늘어나면서 미국 최대의 PVC 기업으로 발돋움한다. 2000년 루이지애나주 공장에서 생산을 시작해 2001년부터 연간 생산 능력 200만 톤을 돌파하면서 세계 최대의 PVC 기업으로 우뚝 서게 된다. 1974년 미국 13위에서 시작해 27년 만에 세계 1위를 차지한 것이다. 2018년 원료인 에틸렌 공장까지 완성함으로써 일관 생산 체제를 갖추게 되었다. 신에츠화학공업의 성공을 숫자로만 본다면 행운이 따라와서라고 할 수 있겠지만, PVC 같은 범용 제품으로 기술력 차이도 크지 않은 분야에서 고속 성장을 하게 된 데는 반드시 그만한 이유가 있을 것이다.

철저한 소수정예, 처음부터 리엔지니어링이 완성된 기업

가나가와 사장은 처음부터 소수정예주의를 관철시킴으로써 철저히 비용 절감을 추진했다. 세계 1위의 기업이 되었는데도 미국 전체를 영업 담당자 8명이 커버했고, 재무 담당자는 2명에 불과했다. 고객 기업은 당연히 영업 직원 1명이 방문했다. 어떤 고객은 "신테크가 우리 회사를 경시하는 것이 아닌가"라는 질문을 할 정도였다.

1980년대에 신테크의 사외이사를 담당했던 다우케미칼 전 회장 벤 브랜치Ben Branch는 신테크를 "처음부터 리엔지니어링이 완성된 기업"이라고 평가했을 정도였다.

신테크는 비용 절감이 체질화되어 있을 뿐 아니라 기술 경쟁력에서도 경쟁 기업을 압도하고 있다. 경쟁 기업은 중합기 1기에서 9만 톤을 생산하는 데 비해 신테크는 15만 톤을 생산한다. 원료 투입에서 제품 생산까지의 사이클 타임도 신테크는 4.5시간인 데 비해 경쟁 기업은 5.5시간으로 경쟁이 되지를 않는다. 이제 규모의 경제라는 날개까지 달았으니 그 독주가 언제까지 이어질지 궁금하다.

반도체용 실리콘 웨이퍼, 세계 1위

PVC와 함께 신에츠화학공업이 자랑하는 세계 시장 점유율 1위를 기록하는 품목은 반도체용 실리콘 웨이퍼다. 신에츠화학공업의 실리콘 웨이퍼 세계 시장 점유율은 30%, 그다음은 섬코SUMCO가 27%로 2위를 차지하고 있다. 실리콘 웨이퍼도 PVC 사업과 마찬가지로 합작과 M&A를 통해 세

> **(주)섬코**
> 미쓰비시머티리얼과 스미토모 금속의 웨이퍼 부문이 통합해 2002년에 설립했다.

계 최대 기업으로 발전시켜왔다. 신에츠화학공업은 1961년부터 반도체 웨이퍼 사업을 시작했지만, 본격적인 사업 전개는 1967년 다우코닝과 합작으로 신에츠반도체를 설립하면서부터다. 합작 비율은 신에츠화학공업 55%, 다우코닝 45%였다.

다우코닝의 지분을 인수해 완전 자회사로 편입

신에츠화학공업은 1978년 다우코닝에서 5%를 추가 확보해 50 대 50의 대등한 합작 기업으로 하고 싶다는 갑작스러운 제안을 받게 된다. 1970년대는 두 번에 걸친 석유 위기로 화학 기업의 경영 상황이 좋지 않았다. M&A를 통해 공격적으로 사업을 확장하기에 적절한 시기는 아니었다는 얘기다. 다우코닝이 소유한 지분 45%를 팔기 위한 가격 산정의 과정인지 의구심을 가진 채 신에츠화학공업은 경영권 가치 등을 반영하지 않은 가장 합리적인 가격을 제시한다.

신에츠화학공업 영업 이익 추이

아니나 다를까 다우코닝은 1979년에 신에츠화학공업이 제시한 가격을 근거로 39억 엔에 자사 지분 45%를 인수해달라고 제안해온다. 신테크 인수 과정에서는 조금이라도 유리하게 인수하려고 철저한 줄다리기를 벌였던 신에츠화학공업 오다기리 사장이다. 이번에는 한 푼도 흥정하지 않고 다우코닝이 제시한 가격을 받아들인다.

100% 자회사가 된 신에츠반도체는 세계적인 반도체 붐과 함께 성장을 거듭하고 있다. 2019년 반도체실리콘에서 3,876억 엔 매출에 1,432억 엔의 영업 이익을 올려 영업 이익률 37%라는 경이적인 성과를 기록하게 된다.

신에츠화학공업의 성공의 힘

신에츠화학공업은 화학 기업으로는 글로벌화가 상당히 진행된 기업이다. 매출의 50% 이상을 해외 시장에서 올리고 있고 생산의 40%는 해외에서 이뤄진다. 신에츠화학공업은 재벌계 화학 기업들이 국내 시장을 장악하고 있어 후발 주자로서 해외 시장이 당연한 선택이었을 수 있지만, 비교적 빠른 시기인 1960년대부터 글로벌화를 추진했다. 부족한 경영 자원을 외국의 선진 기업과 제휴함으로써 극복해온 것이 오히려 경쟁력이 되었다.

신에츠화학공업의 초절약 경영, 경쟁사를 압도

또 하나의 성공 요인으로 오다기리 신타로, 가나가와 치히로 등 신에츠화학공업의 경영진이 추진해온 초절약 경영을 들 수 있다. 신테크가 미국에 설립된 이래 한 번도 적자를 기록하지 않은 것은 소수

정예주의라는 철저한 초감량 경영이 있었기에 가능했다.

통상 대기업의 임원이 되면 세 가지가 달라진다. 별도 사무실이 생기고, 비서가 딸리고, 승용차를 지원받는다. 그러나 연간 매출액이 17조 원에 달하는 신에츠화학공업은 전무 이하 임원에게 '3점 세트'를 제공하지 않는다. 이러한 철저한 비용 절감 노력 덕분에 신에츠화학공업은 가격 경쟁력에서 경쟁사를 압도해왔고, 높은 수익을 올릴 수 있었다.

FANUC

화낙,
CNC와 로봇의 절대 강자

본사	야마나시현 미나미츠루군 오시노무라 시보쿠사아자코만바 3580
대표이사	야마구치 켄지山口賢治
주요 품목	CNC, 로봇, 레이저
설립 연도	1972년
종업원	7,866명
자본금	690억 엔
매출액	5,083억 엔
영업 이익	884억 엔
영업 이익률	17.4%

*2020년 3월기 연결 결산 기준, 억 엔 이하는 반올림

세계적으로 숙련된 노동력 확보의 어려움, 인건비 상승 등에 대한 해결책으로 공장 자동화의 움직임이 거세게 일고 있다. 이러한 움직임이 강해지면 강해질수록 컴퓨터로 공작기계를 제어하는 컴퓨터 수치제어cNc 장치와 산업용 로봇 부문의 세계 1위 기업인 화낙의 존재감은 더욱 부각될 것으로 보인다. 화낙은 1972년 후지쓰의 계산제어 부서가 자회사로 독립하면서 시작된 기업으로 당시 회사명은 '후지쓰화낙'이었다. 대기업의 일개 부서에서 출발한 기업이 어떻게 CNC 분야와 로봇 분야에서 세계 일류가 될 수 있었을까?

공작기계를 제어하는 CNC 기술

우리가 실생활에서 사용하는 TV, 스마트폰, 자동차, 컴퓨터 등 모든 제품은 공작기계에서 출발한다. 공작기계가 기계를 만들고, 기계가 부품을 만들고, 그 부품이 결합되어 제품이 되는 것이다. 그래서 공작기계는 기계를 만드는 기계, 즉 마더 머신이라고 불린다. 일본은 공작기계 산업에서 최고의 경쟁력을 보유하고 있다. 그 배경에 화낙의 공작기계 제어 기술인 CNC 기술이 자리 잡고 있다.

공작기계를 전자적으로 제어한다는 구상은 1952년 MIT가 수치제어 밀링 머신 시제품을 공개하면서 먼저 출발했다. 3년 후 신시내티 사이클론사의 밀링 머신에 수치제어장치를 부착하는 등 수치제어 활용을 위한 시도가 계속되었다. 미국 공군은 100대가 넘는 수치제어 선반을 발주하는 등 초기 시장 형성을 지원하기도 했

CNC
수치제어는 수치와 부호로 구성된 수치 정보를 통해 기계를 자동 제어하는 방법이다. 컴퓨터를 활용한 자동 제어를 CNC라고 한다.

다. 그러나 당시는 트랜지스터가 발명되기 전으로 진공관을 활용해야 해서 수치제어장치가 공작기계보다 컸다.

후지쓰 신규 사업 기본 방향, 컴퓨터와 컨트롤

1950년대에 통신 기기 사업을 메인으로 하고 있던 후지쓰(당시 후지통신기제조)는 사업 다각화를 고민하고 있었다. 1956년 기술 담당 상무 오미 한조尾見半左右 주도로 신규 사업의 기본 방향을 컴퓨터와 컨트롤로 정하고, 컨트롤사업부의 팀장으로 이나바 세이우에몬稲葉清右衛門을 지명한다. 도쿄대학 정밀기계공학과를 졸업한 이나바는 전공을 살려 기계에 관한 컨트롤을 생각하고 있던 시기였다. 와세다대학에서 개최된 자동제어연구회에서 MIT의 수치제어 개발에 대한 뉴스를 접하고 컨트롤사업부의 테마를 수치제어로 결정했다.

화낙, 수치제어를 신규 사업으로 결정

그때부터 화낙의 CNC 개발의 신화가 시작되었다. 1956년에 일본 기업 최초로 수치제어 모델 개발에 성공하기는 했지만, 혁신적인 제품이 탄생할 때 항상 산고를 겪는 것처럼 수치제어 개발도 처음부터 순탄한 것만은 아니었다.

1959년 히다치정기日立精機와 공동 개발한 수치제어 밀링 머신 1호기를 미쓰비시중공업에 납품했는데 진공관이 매일 고장이 나서 생산 현장에서 사용할 수 없을 정도였다. 첨단 기술인 수치제어 공작기계가 원활하게 작동하기에는 요소 기술이 부족한 상황이었다. 화낙은 도쿄대학 공학부 연구실에 연구원을 파견하고 공동 연구, 즉 산

1956년에 화낙이 최초 개발한 수치제어

학 협력을 통해 개선을 하게 된다. 지금도 연구원을 대학에 파견하는 고전적 방법을 자주 활용한다.

9년 만에 흑자 달성

화낙의 수치제어장치는 지속적인 연구 개발과 기반 기술이 발달하면서 트랜지스터와 집적 회로IC를 활용한 수치제어장치로 진화해나간다. 이윽고 1965년 388대를 판매해 수치제어를 시작한 지 9년 만에 처음으로 흑자를 기록한다.

1966년 모듈화에 성공해 수치제어의 확산이 더욱 빨라진다. 모듈화는 고객인 공작기계 기업이나 화낙 모두에게 의미 있는 진전을 가져온다. 화낙의 모듈화는 수치제어장치를 기본 제어, 옵션, 부가 로커로 3등분하고 분야별로 몇 개의 규격을 정해 이를 조합하는 형태로 추진했는데 이를 통해 고객의 특별 요구에 대응할 수 있게 된 것이다. 모듈별로 몇 개의 규격으로 표준화하고 이를 결합해 차별화가 동시에 가능해졌다.

미니 컴퓨터 내장, 소프트웨어에 의한 제어가 가능

1972년에 화낙은 수치제어장치에 미니 컴퓨터를 내장하면서 소프트웨어에 의한 제어가 가능해졌다. 즉 하드웨어는 그대로 사용하고 소프트웨어를 변경해 기능을 조정하는 것이다. 덕분에 생산의 유연성을 확보하면서 비로소 CNC 시대가 열리게 된 것이다. 그러나 컴퓨터가 너무 고가였기 때문에 이를 감당할 만한 산업이 제한적이었다. 항공기 등 일부 첨단 분야만 사용할 수 있었다.

인텔, MPU 개발 시작

당시 디램DRAM을 주력 산업으로 하고 있던 인텔은 신규 사업으로 초소형 연산 처리 장치MPU를 개발하고 있었다. 그러나 미국의 공작기계 업체들은 MPU 도입에 소극적이었다. 공작기계를 사용하는 고객 기업이 자동차, 항공기 등을 제조하는 대기업이고 특히 품질을 중시하는 제품이었기 때문에 개발 초기인 MPU를 신뢰할 수 없었던 것이다. 인텔로서는 MPU의 용도 확보가 매우 중요한 이슈가 되었다.

반면 일본의 공작기계 업체들은 자체적으로 수치제어 개발을 주도할 여력이 부족했다. 공작기계 업체들의 규모가 아직은 크지 않았고 기계 가공 기술을 기반으로 한 공작기계 업체에게 전자 제어 기술은 익숙하지 않은 분야였다. 따라서 일렉트로닉스 기반의 화낙에게 비교적 우호적인 환경이라고 할 수 있었다.

화낙과 인텔의 협력, 수치제어장치에 MPU 도입

컴퓨터가 워낙 고가여서 CNC 수요가 제한되는 문제를 안고 있던 화낙과 MPU의 새로운 용도를 확보해야 하는 인텔의 협력은 매우 자연스러운 흐름이었다. 1975년부터 수치제어장치에 MPU 도입을 추진하게 된다. 개발 초기 단계의 MPU가 수치제어장치의 두뇌에 해당하는 제어 기능을 담당하기에는 문제점이 많았지만, 3년간의 개선과 보완을 통해 1978년 현재 생산하고 있는 CNC의 원형에 해당하는 '시스템 6'를 출시한다. 성능이 향상된 MPU 8086을 사용함으로써 소프트웨어 제어와 소형화를 모두 달성하게 된 것이다.

1965년 공작기계 시장의 28%를 차지했던 미국은 1982년 일본에게 최대 생산국 자리를 넘겨주어야 했다. 가장 큰 이유는 민생용 공작기계에서 수치제어화의 흐름에 뒤처졌기 때문이다. 반면 일본 공작기계 기업은 수치제어 기술을 접목시키는 데 매우 적극적이었다. 한번 일본으로 기울어진 주도권은 다시 미국으로 넘어가지 않았다. 2009년부터 중국이 공작기계 최대 생산국의 위치에 있으나 CNC 공작기계는 아직도 일본이 세계 시장의 60%를 차지한다.

또 하나의 1위 품목, 산업용 로봇

화낙이 자랑하는 또 하나의 세계 1위 제품은 산업용 로봇이다. 화낙은 1974년에 로봇을 개발하고 자사 공장에 도입해 로봇 시장에 뛰어들었다. 지금은 세계 산업용 로봇의 20%를 생산하고 있다.

우리나라는 인구 1만 명당 로봇 도입 대수에서 세계 최고 수준을 기록할 정도로 로봇 도입에 적극적이다. 삼성전자의 스마트폰 몸체를 깎는 것도 화낙의 절삭 로봇이다. 애플도 테슬라도 화낙의 로봇을 구매하고 있다. 화낙은 로봇 기술의 외부 유출을 방지하기 위해

후지산 기슭에 위치한 화낙 본사와 공장

출처: 화낙 홈페이지

일본 내 생산을 원칙으로 한다. 거의 대부분을 후지산 기슭에 위치한 오시노무라 본사 공장에서 생산한다.

로봇이 로봇 부품을 만드는 무인화 공장

최근에는 무인화 공장도 선보였다. 본사에 있는 로봇 부품을 만드는 공장으로 약 1개월 동안 연속 가동이 가능하다. 이미 야간 작업은 무인화로 진행하고 있다. 가공 대상물을 창고에서 가져온 다음 가공하고 다시 창고로 보내는 일반적인 작업 흐름을 작업자의 현장 지시가 없는 상태에서 로봇이 알아서 한다. 100여 가지의 가공 대상물을 연속 가공하는 것도 가능하다. 로봇에 의해 로봇이 만들어지는 시대가 도래했다고 하면 과장된 표현이겠지만 틀린 말은 아니다.

화낙의 회사 컬러는 노랑이다. 건물, 회사 버스, 작업복 등이 전부 노랑이다. 실질적 창업자인 이나바 명예회장의 후지쓰 재직 시절,

화낙의 CNC 조립 공장

보고서를 구별하기 위해 사업부별로 다른 색상을 사용했는데 컨트롤사업부가 노랑을 사용한 데서 연유한 것이다. 노랑 색상이 눈에도 잘 띄고 중국 황제를 나타내는 색으로 최고, 즉 시장 점유율 1위를 의미하기도 해서 회사 컬러로 사용하고 있다. 물론 로봇에도 노랑 색상을 쓰고 있다. 다만 작업자와 같은 위치에서 작업하는 협동로봇은 안전을 뜻하는 녹색이다.

화낙의 미래 모습

화낙은 후지쓰의 신규 사업으로 수치제어장치를 개발하면서 시작되었다. 1972년 후지쓰에서 분리되어 후지쓰화낙으로 출발했고, 1982년 회사명을 화낙FANUC, Fuji Automative NUmerical Control으로 변경했다. 2009년에는 후지쓰의 지분 5%까지 인수해 두 회사 간의 자본 관계는 완전히 없어지게 된다. 1972년 후지쓰로부터 분리해 후지쓰화낙을 설립할 당시 실질적인 창업자였던 이나바 세이우에몬 전무는 회사의 미래상을 《노란 로봇》에서 이렇게 밝혔다.

> 화낙은 기술로 승부하는 회사다. 따라서 항상 새로운 기술을 창조하고 다른 기업을 리드해나가야 한다. 필요한 자금은 전부 자기 자본으로 충당할 수 있을 정도의 기업 체질을 만들어야 한다. 다시 말하면 작지만 확실히 뿌리를 내리고 거인 같은 튼튼한 기업을 만들고 싶다.

연구원 비중 30%

창업 당시의 기술 지향적 흐름은 화낙의 연구원 비중이 30%에 달하는 데서도 잘 나타난다. 기술을 축적하고 이를 통해 이익을 창출함으로써 세계 최고의 기업이 되고자 했던 화낙이 성공할 수 있었던 이유도 기술의 격변기에 다른 기업보다 신속하게 흐름을 파악하고 꾸준한 연구 개발을 거쳐 경쟁력을 확보했기 때문이다. 엔고가 진행될 시기에 주요 수출국인 우리나라나 중국과의 거래에서 엔화 결제를 밀어붙인 것도 기술에 자신이 있었기에 가능했다.

화낙은 공작기계 제어의 선진 기술을 수용, 발전시켰고 결국에는 CNC 시대를 개척하면서 세계 최강의 자리에 올랐다. 우리는 글로벌 기술 트렌드의 변화에 대응하기 위해 어떤 준비를 하고 있는가. 과거와 비교할 수 없을 정도로 변화의 속도가 빠른 디지털 시대에 어떻게 기술 변화를 선점해갈 수 있을지 전략적 고민이 필요하다. 그러한 준비가 세계 최고의 기업을 만들고, 국가 경쟁력을 높이며, 인류의 번영에 기여할 수 있는 기회를 제공해줄 것으로 믿는다.

KEYENCE

키엔스,
50%가 넘는 경이적인 영업 이익률

본사	오사카시 히가시요도가와구 히가시나카지마 1-3-14
대표이사	야마모토 아키노리山本晃則
주요 품목	센서, 계측 기기 등 공장 자동화용 전기 기기
설립 연도	1974년
종업원	7,941명
자본금	306억 엔
매출액	5,518억 엔
영업 이익	2,776억 엔
영업 이익률	50.3%

•2020년 3월기 연결 결산 기준, 억 엔 이하는 반올림

일본인에게도 잘 알려져 있지 않은 독특한 일본 기업. 그러면서도 1년에 두 번은 꼭 화제에 오르는 기업이 있다. 매년 취업 시즌이면 연봉이 가장 높은 기업으로 뉴스에 등장한다. 상장기업의 경영 실적을 발표할 때면 영업 이익률이 가장 높은 기업으로 다시 한 번 뉴스를 장식한다. 가끔씩 가장 혁신적인 기업에 선정되었다든지 창업자인 다키자키 다케미쓰滝崎武光가 일본 3대 부자에 해당한다는 뉴스가 나오기도 한다. 오사카에 본사를 두고 있는 키엔스가 바로 그 주인공이다.

경이적인 영업 이익률 50%

키엔스는 2020년 4월, 매출 5,518억 엔, 영업 이익 2,776억 엔이라는 놀랄 만한 전년도 경영 성과를 발표했다. 미·중 무역 마찰, 코로나 바이러스의 영향으로 매출이 6%나 감소하고 영업 이익률도 12.7%나 줄었음에도 불구하고 일본 상장기업 중 영업 이익률이 무려 50%를 넘어 최고 수익률을 기록했다.

전기 전자 분야의 영업 이익률은 평균 6% 수준. 우리나라의 대표적인 고수익 기업인 엔씨소프트가 28.1%, 네이버가 10.8%인 것을 고려하면 키엔스의 수익성이 어느 정도인지 짐작이 갈 것이다. 고수익을 바탕으로 키엔스의 시가총액은 소프트뱅크, 소니를 앞서고 있다. 토요타와 NTT, NTT도코모에 이어 일본 기업 중 4위에 올라 있다.

키엔스는 다키자키가 두 번의 창업과 도산을 거친 후 29세인 1974년에 리드전기라는 이름으로 설립한 회사에서 출발한다. 공장 자동화에 필요한 센서, 화상 처리 시스템, 계측 기기 등을 생산하고

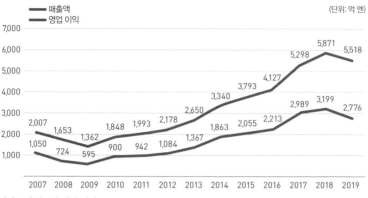

(단위: 억 엔)

매출액
영업 이익

7,000

6,000   5,871

5,000   5,298   5,518

4,127

4,000   3,793

3,340

3,000   2,650   2,989   3,199   2,776

2,007   1,848   1,993   2,178   1,863   2,055   2,213

2,000   1,653   1,362   1,367

1,050   724   595   900   942   1,084

1,000

2007 2008 2009 2010 2011 2012 2013 2014 2015 2016 2017 2018 2019

키엔스의 연도별 경영 성과

있다. 대리점을 두지 않고 전 세계 25만에 달하는 기업에게 직접 판매하는 직판 체제를 운영하고 있다. 46개국 210개 거점의 글로벌 영업 체계를 구축하고 있으며 매출의 53%는 해외에서 발생하고 있다. 1986년에 '과학의 열쇠Key of Science'에서 따온 상품명과 일치시키기 위해 회사 이름을 키엔스로 변경했다.

회사 설립 초기부터 직판 체제 도입

직판 체제는 회사 설립 초기부터 도입했다. 키엔스는 1982년에 선제 자동 절단기 사업을 매각하고 광센서 등 전자 부품용 센서 사업에 집중하게 된다. 당시 첨단 제품에 속했던 센서는 대리점을 경유할 경우 판매 마진이 매우 높고 정확한 고객 수요 파악이 어려워 직접 판매하는 형태를 취해왔다. 그래서인지 키엔스의 마케팅은 출발점부터가 독특하다.

시판하고 있는 제품을 판매하는 것이 아니라 고객의 어려움을 파악하고 해결책을 제시하는 데 집중한다. 따라서 키엔스의 영업 사원은 카탈로그를 열심히 설명하는 것과 같은 마케팅 활동은 하지 않는다. 고객의 어려움을 파악하고 이를 '니즈 카드Needs Card'에 정리하는 것부터 마케팅이 시작되는데, 영업 담당자는 한 달에 2건 이상 니즈 카드를 보고해야 한다.

독특한 제품 개발 과정

이렇게 파악한 고객의 잠재 수요를 본사 DB로 취합한 후 검토 과정을 거친다. 여기서도 키엔스의 독특한 제품 개발 철학이 나타난다. 고객이 원하는 제품을 그대로 개발하는 것이 아니라 다른 고객도 유사한 문제를 가지고 있는지, 즉 제품을 개발했을 때 일정 규모 이상의 수요가 존재하는지를 먼저 검토한다.

다른 고객 기업의 생산 현장에서도 같은 제품을 필요로 한다는 결론이 나와야만 개발에 들어간다. 따라서 수요자가 한정되는 주문 생산 방식이 아닌 범용 제품으로 제품을 개발하게 된다. 즉 특정 고객의 수요에서 아이디어를 얻어 제품을 개발하지만 다른 공장에서도 필요로 하는 제품만 개발한다.

세계 최초 아니면 업계 최초

이러한 과정을 거친 결과 키엔스가 판매하는 제품은 다른 기업에서 취급하지 않는 제품이거나 세계 최초 또는 업계 최초의 제품이 대부분이다. 매출의 30%는 개발된 지 2년 이내의 제품이 차지한다. 제품 규격을 자동 인식하는 3차원 검사 장비, 품질 검사를 위한 화상 판

출처: 키엔스 홈페이지

키엔스가 개발한 3D 측정기, 마이크로스코프, 측정 센서

별 센서, 레이저 변위 측정기, 잔류 정전기 제거 장치, 미세 먼지 측정기, 디지털 마이크로스코프 등이 키엔스가 개발한 제품이다.

가격 결정도 비교적 자유롭다. 키엔스는 매출액 총이익률, 즉 매출에서 직접 원가를 뺀 이익률이 2019년에 81.8%를 기록했다. 매출 원가가 18.2%에 불과하다는 이야기다. 다시 말하면 1만 원짜리 제품의 원재료 등 직접 원가가 1,820원이라는 말이다. 키엔스는 매출액 총이익률 80%를 기본으로 하고 있어 매년 비슷한 이익률이 지속되고 있다. 세계적인 고수익 기업인 애플이나 소니의 매출액 총이익률이 30~40%임을 감안하면 키엔스의 수익성은 놀라울 따름이다.

생산은 대부분 외주

키엔스의 고수익 비결은 대부분 제품을 외주 생산한다는 데 있다. 그러면서도 100% 자회사인 키엔스엔지니어링을 통해 생산 원가를 정확하게 파악하고 있어 합리적인 가격 산출이 가능하다. 키엔스엔지니어링은 당초 퀵 리스폰스Quick Response에서 앞글자를 따온 쿠레포QUREPO라는 회사명으로 출발했다. 기술 보호 또는 적정한 외주 가격 결정을 위해 시제품 생산이 필요한 경우에만 생산을 담당하고 있다. 키엔스의 전체 생산에서 차지하는 비중은 10% 미만이다.

키엔스 영업에 없는 것

키엔스의 영업에는 3가지가 없다. 접대가 없고, 가격 할인이 없고, 주문서 작성이 없다. 대부분 고객의 필요에 따라 새로 개발한 제품이니 고객을 접대해야 할 필요가 없다. 고객이 지불할 용의가 있는 가격을 설정하므로 가격 할인도 없다. 도리어 경쟁 제품이 시장에 출시되어 가격 인하 압력이 생기면 생산을 중단하는 것에서도 부가가치를 중시하는 키엔스의 경영 철학을 느낄 수 있다.

영업 사원은 고객이 고민하는 문제에 대한 해답을 제시하는 것만으로도 충분히 바쁘다. 경쟁 기업이 유사 제품을 출시하기 전에 하나라도 더 판매해야 하는 고액 연봉의 영업 사원에게 접대나 주문서 작성으로 시간을 낭비하게 할 수는 없다. 주문은 전담 부서에서 대신 받아주면 되는 것이다.

굳이 또 하나 키엔스에 없는 것을 들자면 세습을 싫어해서 창업자의 친족은 표면에 나타나지 않는다. 임원을 포함한 모든 직원의 3촌 이내 친족은 입사를 거부하는 전통이 있다.

컨설턴트에 가까운 영업 사원

일본 최고 수준의 고액 연봉을 받는 영업 사원은 컨설턴트에 가깝다. 카탈로그를 바탕으로 자사 제품을 설명하고 주문을 받는 일반적인 마케팅 활동을 하는 것이 아니라 고객이 어떤 어려움을 겪는지 이를 어떤 방법으로 해결할 수 있는지를 같이 고민하고 해결책을 제시하는 컨설팅 활동을 한다.

연봉 이야기가 나왔으니 구체적으로 살펴보자. 키엔스의 유가 증권 보고서를 보면 2019년 3월 현재 직원의 평균 연령은 35.8세, 연봉은 2,110만 엔이다. 일본 상장기업 중 최고 연봉을 기록하고 있다. 높은 연봉을 받을 수 있는 이유는 영업 이익의 10%를 인센티브로 지급하는 제도 때문이다. 입사 5년 차가 되면 인센티브만으로 500만 엔 정도를 받게 되니 고액 연봉의 심리적 기준선인 1,000만 엔을 쉽게 넘어선다. 30대 중반이면 2,000만 엔 수준에 도달한다.

해외 매출이 50% 이상

키엔스의 비즈니스 모델을 보면 일본 국내에 한정될 것 같은데 실제로는 매출의 50% 이상이 해외에서 발생한다. 해외 거점도 1985년 미국을 시작으로 1990년 독일, 1993년 한국, 2001년 상하이 등에 현지법인을 설립했다. 지금은 44개국 200개 거점을 가진 글로벌 비즈니스 체제를 구축하고 있다. 키엔스는 공장에서 필요로 하는 부분을 개선하고 해결하면서 성장해온 기업이다. 부품소재 등 제조업의 생산성과 관련되는 부분을 비즈니스 모델로 삼아왔다. 그래서 키엔스의 활약은 부품소재 산업의 경쟁력과 직결된다고 볼 수 있다.

컨설팅을 기반으로 하는 키엔스의 제안 마케팅은 일본에서도 독특한 비즈니스 모델이지만, 우리 부품소재 기업의 일본 시장 진출 전략에 많은 시사점을 제공해준다. 고령화가 진전되고 공장 자동화의 흐름이 글로벌하게 확산되는 시점에서 키엔스의 비즈니스 모델이 받아들여지는 의미를 진지하게 고민해봐야 할 것이다.

토요타,
위기를 먹고 산다

본사	아이치현 토요타시 토요타초 1번지
대표이사	토요다 아키오
주요 품목	자동차
설립 연도	1937년
종업원	37만 870명
자본금	3,970억 엔
매출액	29조 9,300억 엔
영업 이익	2조 4,429억 엔
영업 이익률	8.2%

*2020년 3월기 연결 결산 기준, 억 엔 이하는 반올림

토요다 아키오豊田章男, 창업자 토요다 기이치로의 손자 사장은 2019년 5월 결산 설명회장에서 "죽느냐 사느냐의 전쟁"이라는 표현을 사용하면서까지 토요타가 처한 위기감을 표현했다. 사상 처음으로 30조 엔이 넘는 매출을 기록했고, 영업 이익도 2조 4,675억 엔으로 역대 두 번째로 좋은 성적을 거둔 기업의 사장이라면 조금은 자랑스럽게 결산 결과를 발표할 만도 한데 의아스러웠다. 거대 기업을 책임지고 있는 아키오 사장의 입장에서 전기 자동차, 자율 주행 등 자동차를 둘러싼 커다란 변화의 물결이 위협적으로 느껴졌을 것이라 추측해볼 뿐이다.

> **토요타**
> 회사명은 토요타, 창업가의 성은 토요다로 발음한다. 처음에는 자동차 브랜드를 창업자의 성을 따라 토요다로 시작했으나, 토요타가 어감이 좋고 일본어 토요타トヨタ가 8획으로 일본인에게 선호되는 획수여서 1936년 토요타로 변경했다.

토요타는 위기를 먹고 산다

'혼다는 꿈을 먹고 살고, 토요타는 위기를 먹고 산다'라는 기업 문화를 생각해보면 아키오 사장의 발언이 토요타를 가장 잘 표현한 비유라고 본다. 토요타의 위기감은 어디에서 왔을까? 토요타에게 위기다운 위기라고 한다면 1950년 도산 직전까지 갔던 위기가 거의 유일하다. 70여 년 전의 위기 의식 DNA가 지금까지 이어질 수 있는 것인가.

토요타자동직기에서 출발

토요타자동차는 토요다 기이치로豊田喜一郎가 1937년에 고로모拳母에 설립했다. 그 기원을 따져보면 1933년 토요타자동직기 공장 안에 자동차부를 설치한 시점으로 거슬러 올라간다. 토요타자동직기는 토요다 기이치로의 아버지로 직기 발명가로 유명한 토요다 사키치 豊田佐吉가 설립한 회사다. 셔틀의 실이 없어지면 셔틀이 자동 교환되는 구조를 바탕으로 1924년 G형 자동직기를 개발했다. 당시 미국식 직기가 1인당 5대 정도를 관리할 수 있는 반면 G형 자동직기는

고로모 지역

고로모 지역은 목면, 양잠 등이 발달한 지역이었으나 1930년대에 쇠퇴했다. 고로모초町는 토요타자동직기의 자동차 공장 유치를 추진해 1938년 공장을 완성했다. 초町는 일본 기초자치단체의 하나로 우리나라의 읍, 면, 동 정도에 해당 도시가 확장되면서 1951년에 고로모시로 승격했다. 1958년 상공회의소가 토요타시로의 명칭 변경을 청원했다. 1959년 1월 토요타시로 명칭을 변경했고 토요타 본사 주소는 '토요타 초 1번지'가 되었다. 기업 명칭을 도시 명칭으로 변경한 것은 토요타시가 유일하다. 히타치시는 1920년 설립했던 히타치제작소와 명칭이 같지만 1889년부터 히타치초의 명칭을 사용했으며, 1939년 히타치초와 스케가와助川초가 합병해 히타치시로 승격했다.

토요다 사키치

초등학교를 졸업하고 아버지의 목공일 보조로 인근 학교에서 일하던 중 《서국입지편》에서 하그리브스의 방적기를 접하고 신선한 충격을 받았다. 그 후 1885년 야학회에서 권매특허조례(특허법) 이야기를 듣고 발명을 결심했다. 《서국입지편》은 '하늘은 스스로 돕는 자를 돕는다'라는 명문장으로 유명한 새뮤얼 스마일스의 《자조론Self Help》(1859)의 일본어 번역서다. 후쿠자와 유키치의 《학문의 권장》과 함께 대표적인 계몽서로 꼽힌다. 다이닛폰인쇄가 1877년에 《개정 서국입지편》 양장본을 발간했다.

최대 60대까지 관리가 가능한 획기적인 발명이었다. 토요타자동직기는 1929년 G형 자동직기의 특허권을 영국의 프렛브라더스PRATT BROTHERS에 8만 5,000파운드(1파운드는 2.4만 엔)를 받고 매각했다. 후에 이 자본은 토요타의 자동차 개발 자금으로 활용되었다.

토요다 기이치로, 승용차 생산의 꿈

도쿄대학 기계공학과를 졸업한 기이치로는 미국 맨해튼의 자동차 물결을 목격하면서 승용차 개발이라는 꿈을 가지게 되었다. 그러나 전쟁 등의 특수 상황으로 초기에는 트럭 생산에 집중할 수밖에 없었다. 태평양전쟁이 끝나고 1947년에 GHQ가 300대 한도로 승용차 생산을 허가하면서 토요타는 995cc, 최고 속도 87km의 소형 승용차 '도요페트Toyopet SA형'을 생산할 수 있었다.

토요타자동직기 시절인 1936년부터 AA형 승용차를 생산하기 시작했다. 그러나 AA형은 미국 GM의 쉐보레 엔진, 크라이슬러 및 포드의 섀시 등을 카피해서 만든 수준이었다. SA형이 토요타의 기술과 설계로 만들어진 최초의 소형 승용차라고 할 수 있다.

SA형 승용차 판매 다음 해인 1948년에 SA형의 성능을 널리 어필할 수 있는 계기가 만들어졌다. 〈마이니치신문〉이 나고야역에서 오사카역까지 급행열차와 SA형 승용차의 경주를 기획했는데, 235km를 평균 시속 60km로 달린 SA형 승용차가 46분이나 빨리 오사카역에 도착한 것이다.

이러한 노력에도 SA형 승용차는 5년간 213여 대밖에 생산하지 못했다. 당시 승용차는 충분한 추진력을 갖출 정도로 엔진 성능이 향상되지 않았다. 열악한 도로 사정을 견딜 수 있을 만큼의 견고함도 갖추지 못했다. 게다가 승용차가 보급될 정도로 부를 축적하지 못한 시장 상황 등이 복합적으로 작용한 결과다.

> **도요페트**
> 1947~1960년까지 토요타 승용차에 사용된 브랜드명이다. 지금은 토요타의 유통 채널의 하나인 '도요페트점'에 쓰인다.

전쟁 후의 긴축 정책, 토요타를 위기로 내몰다

태평양전쟁이 끝나자 극심한 인플레가 일본을 기다리고 있었다. 4년간(1945~1948) 매년 2~4배 정도의 물가가 상승했다. 이처럼 극심한 인플레가 계속되던 1949년 2월, GHQ의 경제고문으로 부임한 조셉 돗지Joseph Morrell Dodge는 경제를 안정시키기 위해 돗지 라인으로 불리는 긴축 정책을 실시했다.

긴축 정책은 자동차 산업에 결정적인 타격을 가했다. 승용차 시장이 형성되지 못한 상황에서 주력 품목인 트럭 매출이 급감한 것이다. 생산한 트럭이 차곡차곡 재고로 쌓이는 것은 물론이고 기존에 판매했던 트럭의 할부금 회수도 어려워졌다. 토요타를 포함한 자동차 기업이 위기 상황으로 몰리게 된다.

1949년 판매 부진을 이기지 못한 이스즈자동차와 닛산이 종업원 20% 이상에 대한 정리 해고를 실시하자 그다음 순서로 토요타를 주목하고 있었다. 그러나 기이치로 사장은 '토요타의 경쟁력은 사람'이라면서 임금 10% 삭감을 조건으로 인원 조정을 하지 않겠다는 각서를 노조와 교환한다.

20% 정리 해고 추진, 노조 파업 돌입

각서 교환으로 직원들의 동요를 막는 데는 성공했지만 시장은 토요타 편이 아니었다. 결국 토요타도 은행단의 요구를 받아들일 수밖에 없었다. 1950년 4월 '10% 임금 삭감 20% 정리 해고'를 골자로 하는 구조 조정 안을 노조에 제시하자 노조는 파업에 돌입했다. 인원 조정은 없다는 회사 측의 약속이 있었기에 노조의 반발은 더욱 격렬했다. 노조와 교환했던 인원 정리를 하지 않겠다는 각서가 발목을 잡는 현실을 타개해야 했다. 그해 6월 기이치로 사장을 포함한 대표권을 가진 임원 3명이 사퇴하는 결정을 내렸다.

기이치로 사장이 퇴진하자 노조원들도 사태의 심각성을 다시금 느끼게 되었다. 잘못하면 희망 퇴직금을 받을 수 없겠다는 우려까

1950년 발생한 토요타자동차 노동 쟁의

지 더해지면서 약 25%에 해당하는 2,146명이 토요타를 떠나면서 정리 해고 문제는 일단락되었다.

생산과 판매 분리

토요타는 은행단의 협조 융자로 위기를 넘기게 되지만 이를 계기로 많은 변화가 있었다. 가장 직접적인 변화는 생산과 판매의 분리였다. 채권단은 지원 조건으로 3가지를 제시했다. 첫 번째가 판매 회사를 설립해 토요타에서 분리할 것이었다. 다른 조건은 판매 가능 대수만 생산할 것, 인원 정리 등이었다.

채권단은 자금이 오래 묶이는 생산 부문에 대한 지원보다 판매 부문, 특히 할부 금융 회수 지연에 따른 자금 경색 부분만 지원함으로써 자본을 조기에 회수하겠다는 생각이 강했다. 그리하여 토요타 자동차판매가 설립되고 다시 통합(1982)될 때까지 약 30년간 생산과 판매를 분리한 체계를 유지한다.

판매의 토요타에서 세계 최고 기업으로

토요타자동차판매는 일본GM 부사장 출신으로 토요타가 스카우트한 가미야 쇼타로神谷正太朗가 초대 사장으로 부임하면서 유통 채널을 정비한다. 토요타점(크라운 등 고급차), 도요페트점(마크X 등 장년층), 카롤라점(카롤라 등 대중차), 네쓰점(비츠 등 여성, 젊은층) 등 4개 유통 채널의 기본 골격이 그때 구축되었다. 채널 성격이 다르면 같은 토요타 판매점이라 하더라도 동일한 지역에 설립할 수 있게 해 전국적으로 촘촘한 토요타 판매망이 구축되었다. 다른 자동차 기업과는 차별화된 전국 유통 채널을 확립하면서 한때 '판매의 토요타, 기술의 닛산'이라는 표현이 유행할 정도였다.

정작 당사자인 토요타자동차는 이러한 사회적 인식이 못마땅했던 모양이다. 지금의 토요다 아키오 사장의 전임 와타나베 가츠아키渡辺捷昭 사장이 홍보과에 근무했던 시기에 이러한 인식을 바꾸기 위해 자동차 개발을 담당하는 히가시후지연구소를 기자들에게 개방했던 일화가 있을 정도다. 당시에는 연구소 개방이 원칙적으로 허용되지 않았던 시기였음을 감안하면 가장 일본적인 기업이라 할 수 있는 토요타에서 상당히 파격적인 일이 일어난 셈이다. 이런 노력의 결과일까 아니면 토요타와 닛산의 차이가 너무 벌어져서일까. 현재는 '판매의 토요타' 대신에 '세계 최고의 자동차 기업'이라는 수식어가 붙게 되었다.

토요다 가문 이외의 CEO

두 번째 변화는 토요다 기이치로 사장의 후임으로 이시다 다이조石田退三 사장이 취임하면서 토요다 가문 이외의 CEO 탄생을 자연스럽게 받아들이는 기업 문화가 형성되었다는 것이다. 이시다 사장은 1950년 7월에 취임했다. 취임 직전에 한국전쟁이 발발하면서 토요타는 전쟁 특수를 누리게 되고 경영 위기에서 완전히 벗어나 '토요타 중흥의 시조'라고 불리게 된다. 이시다 사장 이후 8명의 사장 중 토요다 가문이 아닌 경우는 오쿠다 히로시, 조 후지오 등 4명에 달한다.

창업자의 퇴진과 사망, 원만한 노사 관계의 출발점

세 번째 변화는 원만한 노사 관계로의 전환을 들 수 있다. 토요다 기이치로 사장은 인원 조정을 하지 않겠다는 노조와의 약속을 지키지 못한 책임을 지고 본인을 포함해 대표권을 가진 임원이 모두 경영에서 물러남으로써 경영 실패에 책임을 지는 모습을 보였다. 기이치로는 끝내 경영에 복귀하지 못하고 1952년 3월 고혈압으로 세상을 떠나고 만다.

'종업원은 토요타의 보물'이라며 인재를 중시했던 기이치로 사장의 죽음은 토요타에게 원만한 노사 관계라는 귀중한 선물을 남겼다. 이러한 신뢰 관계는 2000년대 초반 엔화 강세로 토요타의 경영이 어려웠던 시기에 4년 연속 '기본급 동결, 고용 유지'라는 노사 합의를 가능하게 했다.

1950년의 경영 위기는 토요타가 더욱 강해지는 요인이 되었다. 한국전쟁 덕분에 V자 회복을 달성하면서 단기간에 경영 위기에서 탈피할 수 있었다. 동시에 가장 중요한 교훈 '재고는 절대 악', 즉 불필요한 재고를 만들지 않겠다는 철학은 토요타의 생산 방식을 완전히 뒤바꾸어버린다.

토요타 생산 방식, 저스트 인 타임과 자동화

TPS로 알려진 토요타 생산 방식은 저스트 인 타임Just in Time과 자동화로 이뤄져 있다. 저스트 인 타임은 필요한 시기에 필요한 수량만큼 생산한다는 개념이다. 이를 통해 재고를 최소화할 수 있고, 재고가 없어야 가격 경쟁력을 확보할 수 있다는 것이 기본적인 생각이다. 1950년대의 경영 위기를 통해 토요다 기이치로 사장의 경영 철학이 토요타 전체의 DNA로 바뀌어간 것이다.

1950년 당시 토요타의 승용차 1일 생산량은 40대 정도였다. 포드의 8,000대와 비교가 되지 않을 정도로 적어서 당연한 선택이었을지 모른다. 그러나 개념이나 구호에 그치지 않고 '간판 방식'이라고 하는 독특한 시스템을 정착시킨 것은 토요타의 저력이다.

간판 방식과 슈퍼마켓

'간판 방식'은 슈퍼마켓 방식으로 알려져 있다. 슈퍼마켓에서 물건이 판매되는 만큼 채워 넣는 방식을 생산 현장에 도입한 것이다. 그전까지는 부품을 생산해 다음 공정으로 보내는 방식이었다면, 다음 공정(고객)이 필요한 만큼 전前 공정(슈퍼마켓)에서 가져가는 방식으로 바꾼 것이다. 후後 공정에서 얼마만큼의 수량이 필요한지를 간판을 통해 알려준다고 해서 간판 방식으로 불린다.

TPS의 아버지로 불리는 오노 다이이치는 미국 록히드항공사에

토요타의 간판 샘플

서 슈퍼마켓 방식을 적용해 생산 효율을 향상시켰다는 뉴스를 접하고, 미국 자동차회사가 이 방식을 도입하기 전에 토요타에 적용시키기 위해 도입을 서둘렀다.

저스트 인 타임 그리고 라인 스톱

저스트 인 타임을 통해 정해진 수량만 생산하므로 불량이 발생하면 판매가 불가능해지는 문제가 발생한다. 즉 완벽한 품질이 보장되어야만 한다. 여기에서 라인 스톱이 등장하게 된다. 생산 라인에서 작업 중에 문제가 생기거나 불량이 발생하면 작업자는 줄을 잡아당기면 된다. 줄을 당기면 안돈사방등 또는 행등行燈으로 불리는 전광판에 노란색 표시가 켜지고 반장이 달려와서 도와준다. 그래도 문제가 해결되지 않으면 생산 라인을 정지시키는 것이 라인 스톱의 골자다.

문제가 생길 때마다 라인을 정지시키는 것이 비효율적으로 보일수 있고 작업자가 라인을 정지시키는 데 주저할 수 있다. 이런 작업자의 부담을 없애기 위해 관리자들은 작업자가 라인을 정지시키면 반드시 칭찬하고 라인 스톱을 완전히 정착시켜갔다. 토요타는 자동직기에서 출발했기 때문에 실이 끊어졌을 때 기계가 정지하는 것과 같은 라인 스톱이 별 저항감 없이 비교적 초기에 도입될 수 있었다.

자동화自動化와 자동화自働化

토요타는 라인 스톱을 적용한 생산 라인을 자동화自働化로 표현한다. 한자를 보면 동動이 아닌 사람 인亻이 들어간 동働을 쓰고 있다. 단순한 기계화가 아니라 작업자의 적극적 품질 관리 활동인 라인 스톱을 통해 불량이 발생하지 않도록 한다는 의미다.

　전쟁 특수로 자동차가 호황을 누리면서 1955년에 토요타 역사에
큰 획을 긋는 사건이 발생한다. 크라운이 탄생한 것이다. 일본의 험
난한 도로에서도 승차감이 좋은 자동차를 콘셉트로 한 크라운은 개
발 초기부터 택시회사, 판매점 등 고객 수요를 철저히 파악해 개발
을 추진했다. 전면에 코일 스프링을 사용해 승차감을 향상시키고, 앞
유리는 아사히글라스에 개발을 의뢰해 한 장으로 된 곡면 유리를 도
입하는 등 회심작을 발표했다.

크라운, 5만 km 대장정
1956년 〈아사히신문〉 기획의 '런던-도쿄 5만 km 드라이브'는 토요
타의 도약에 획기적 전기를 마련했다. 4월에 런던을 출발해 중동-
인도-동남아시아를 질주하고 야마구치현으로 들어와 도쿄까지 주

토요타 크라운 5만 km 대장정

행하는 5만 km 드라이브 프로젝트였다. 크라운이 큰 고장 없이 완주에 성공한다.

〈아사히신문〉은 크라운의 5만 km 주행을 시리즈로 소개했다. TV를 통해서도 크라운의 도쿄 입성이 중계되면서 일본 국민은 본격적인 국산 승용차인 크라운의 성공에 열광했다. 크라운의 5만 km 대장정 프로젝트는 '자동차는 닛산, 토요타는 한 수 아래'라는 기존 이미지를 완전히 바꾸어놓는다.

프리우스, 하이브리드의 대명사

그 후부터 토요타는 1970년대의 석유 위기 등 약간의 굴곡은 있었지만 경영을 순조롭게 이어갔다. 1989년에는 렉서스 브랜드를 도입해 고급차 시장에 뛰어들었다. 1997년에는 하이브리드의 대명사가 된 프리우스를 시장에 선보인다.

렉서스는 2018년에 약 70만 대, 2019년 2월에 누적 판매 1,000만 대를 돌파했다. 하이브리드 자동차도 2017년에 누적 판매 1,000만 대를 달성하는 등 신규 진출 시장에도 성공적으로 안착했다.

그러나 토요타도 2008년의 리먼 쇼크는 피해가지 못했다. 세계적인 금융 위기에 따라 자동차 판매가 급감하자 58년 만에 처음으로 영업 손실을 기록한다. 리먼 쇼크라는 거대한 폭풍은 모든 기업에게 영향을 끼쳤다. 진원지에 있는 GM이 토요타보다 더 큰 영향을 받았다. 그리하여 2008년에 토요타가 GM을 제치고 세계 자동차 판매 1위 기업에 오르게 된다.

토요타의 시련

토요타의 성장이 너무 빨랐던 것일까? 토요타에게 더 큰 시련이 기다리고 있었다. 2009년 8월 미국 캘리포니아주 샌디에이고에서 렉서스를 타고 가던 고속도로 순찰대원 마크 세일러의 가족 4명이 가속 페달 문제로 사망했다. 시속 80km로 주행하다가 운전석 바닥 매트가 가속 페달에 걸리면서 급발진을 했는데 브레이크가 들지 않아 시속 194km까지 가속되면서 사고가 난 것이다. 사고 직전 911과 통화했던 긴박한 대화가 TV 뉴스에 등장하고 유튜브를 통해 확산되면서 여론이 들끓게 되었다. 토요타는 이 사고로 약 400만 대의 차량을 리콜한다.

한 번 무너지기 시작한 신뢰는 여기서 그치지 않았다. 2010년 1월 기계적인 문제로 가속 페달이 원위치로 되돌아오는 데 시간이 늦어질 수 있다며 230만 대의 리콜 계획을 발표한다. 리콜 관련 8개 모델의 미국 내 생산은 잠정 중단하기로 했다. 토요타의 품질에 대한 의문을 제기하는 목소리가 더욱 커져갔다. 그도 그럴 것이 앞서의 리콜은 바닥 매트가 가속 페달을 누르는 외부적인 문제였다면, 이번에는 가속 페달 자체의 결함이었기 때문이다.

아키오 사장, 청문회 출석

토요타의 위기 상황에서 아키오 사장이 미국 의회 청문회에 출석했다. 전 세계적으로 1,000만 대의 자동차를 리콜하고 약 30억 달러를 지불하면서 리콜 사태는 일단락된다. 그러나 2009년부터 시작된 대규모 리콜 사태는 토요타에게 많은 숙제를 남겼다.

그중에서도 '품질의 토요타'에 대한 의문을 어떻게 해소할 것인지 신뢰성 문제가 가장 컸다. 일부에서는 토요타가 세계 최대의 자동차 기업이 되기 위해 급격하게 생산을 확대하면서 품질 관리에 허점이 생겼다고 지적했다. 1990년대 후반에는 연평균 15만 대 정도 생산이 증가한 반면, 2000년 이후 세계 판매 1위를 기록했던 2008년까지는 연평균 50만 대씩 증가할 정도로 양적 성장에 집중했다. 이런 점을 감안하면 당연한 의문이었고 토요타 또한 품질에 대한 의구심을 무겁게 받아들였다.

토요타 재출발의 날

아키오 사장은 의회 청문회에 출석한 후 10일 정도 지나서 개최되었던 종업원 및 판매점 대상의 청문회 보고회에서 "토요타는 각 부문별로 재출발의 날을 정해서 매년 되돌아보는 시간을 갖는다. 나의 재출발의 날은 2월 24일이다"라고 밝혔다. 미 의회 청문회 출석일인 2월 24일을 자신의 '재출발의 날'로 정하고 청문회 증인석에

2009년 9월 10일 토요타 한국 상품 전시 상담회 장면(토요타 본사)

섰던 의미를 매년 되새기겠다는 각오를 나타낸 것이다.

2010년 3월에는 글로벌품질특별위원회 회의를 개최해 고객의 요구에 더욱 신속하게 대응할 수 있는 체계를 마련했다. 세계 주요 시장별로 파악한 고객의 의견을 신속히 공유하고, 리콜 등의 의사 결정에도 현장의 목소리를 반영하는 시스템을 구축했다. 아키오 사장은 '오늘은 품질 관리 재출발의 날'이라고 의미를 부여하면서 고객의 목소리, 현장의 의견이 리콜 등의 의사 결정에 반영되는 체제를 구축하겠다고 강조했다.

대기업병 예방

품질 관리가 정착되자 2015년에 조직 개편을 대대적으로 단행했다. 생산, 디자인 등 기능 중심의 조직을 제품과 개발 조직으로 개편했다. 제품 조직은 소형, 중대형, 고급, 상용 분야 등 4개로 나누고 개발 조직은 선진 기술 개발, 파워 트레인, 커넥티드 등 3개로 구분해 총 7개 컴퍼니로 개편했다. 각 컴퍼니에 기획·개발·생산 등 독립적인 권한을 부여해 의사 결정의 스피드를 높이고 자칫 발생하기 쉬운 대기업의 병폐를 예방하고자 했다.

대대적인 리콜 사태로부터 10년이 흐른 지금 토요타의 브랜드 가치는 562억 달러로 메르세데스벤츠의 508억 달러보다 54억 달러가 많은 1위를 기록하고 있다. 2018년에는 사상 처음으로 30조 엔이 넘는 매출을 기록했다. 일단 리콜의 충격에서 완전히 벗어난 것으로 보인다.

대변혁의 시대와 토요타의 미래

미래 변화에 대한 대비도 착실하게 진행하고 있다. 2018년에는 자율 주행, 커넥티드 카 등의 미래 자동차 사업을 위해 소프트뱅크와 제휴를 선언했다. 또 4개 채널로 나뉜 판매점을 통합하고 모든 유통 채널이 전 차종을 취급하는 시스템을 도입해 모빌리티 시대에 대응하겠다는 계획을 발표했다.

2019년 5월 파나소닉과 공동 출자해 주택 사업을 시작한다고 발표했다. 인터넷을 통해 차량과 주택을 연결한다는 구상이다. 새로운 라이프 스타일 창출을 미래 비전으로 구상하고 있는 것이다.

지금은 케이스CASE 시대다. 케이스는 커넥티드Connected, 연결, 오토너머스Autonomous, 자율 주행, 세어드Shared, 공유, 일렉트릭Electric, 전동화을 의미한다. 토요타는 변화를 거치면서 더욱 강해진 기업 이미지를 구축하고 있다. 토요다 아키오 사장의 표현대로라면 '100년에 한 번 맞는 대변혁 시대'가 도래하고 있다. 10년 후 아니 100년 후 토요타는 어떤 모습일까 궁금하다.

SONY

소니,
전자 명가의 몰락과 부활

본사	도쿄도 미나토구 고난 1-7-1
대표이사	요시다 겐이치로吉田憲一郎
주요 품목	TV, 이미지 센서, 게임, 영화, 음악, 금융
설립 연도	1946년
종업원	11만 4,400명
자본금	8,743억 엔
매출액	8조 2,599억 엔
영업 이익	8,455억 엔
영업 이익률	10.2%

*2020년 3월기 연결 결산 기준, 억 엔 이하는 반올림

소니는 일본 기업 중에서 글로벌화가 가장 앞선 기업이다. 외국인 CEO를 영입하기도 했고, 1961년에는 일본 기업 최초로 미국 주식 시장에서 주식 예탁 증서를 발행해 자금을 조달하기도 했다. 무엇보다 과거 재벌과 연결 고리가 없는 전후 설립 기업이고, 설립 초기부터 트랜지스터라디오를 미국에 수출하는 등 기술을 중시하는 벤처 정신이 강한 기업으로 글로벌 이미지를 빠르게 형성한 기업이다.

전후 기업 소니의 탄생

소니는 태평양전쟁이 끝난 다음 해 설립(1946)되었다. 소니 공동 창업자의 한 사람인 이부카 마사루井深大는 와세다대학 이공학부 재학 시절부터 발명가로 유명했다. 대학을 졸업한 이부카는 도쿄시바우라전기東京芝浦電気, 지금의 도시바에 지원하지만 입사 시험에서 떨어지고 만다. 도시바 입사 시험에 실패한 이부카는 사진화학연구소Photo Chemical Laboratory, 지금의 소니-PCL의 전신에 입사하게 되는데, 입사 후에 대학 시절에 발명했던 '달리는 네온'을 파리 국제박람회에 출품해 금상을 수상했다.

호기심 많은 발명가로 소니를 글로벌 기업으로 발전시킨 창업자도 입사 시험에서 떨어진 것을 보면, 우리 젊은 인재들이 입사 시험에 떨어졌다고 낙심하기보다 굴하지 않는 도전 정신을 더욱 가다듬어야 할 것이다.

한편 모리타 아키오盛田昭夫는 오사카대학 이학부 2학년 때 해군에 입대하면서 적외선 유도 대전함 로켓을 개발하는 팀

> **달리는 네온**
> 네온관에 고주파 전류를 보내 주파수를 변경함으로써 네온관의 표시를 변화시키는 기기다.

에 배치되는데, 이부카가 민간 기술자로 연구회에 참가하면서 인연을 맺는다. 종전 후 도쿄통신공업(지금의 소니) 창업에 합류했다.

소니 최초의 제품, 테이프 리코더

도쿄통신공업 설립 초기에는 전기 방석을 만들어 판매하거나 NHK에서 의뢰를 받아 군용 무선기를 방송용으로 개조하는 등 회사 운영에 필요한 자금 확보를 위해 닥치는 대로 일을 했다. 회사 설립 4년째인 1950년이 되어서야 최초의 소니 제품이 되는 테이프 리코더 개발에 성공했다.

일본에서 최초로 개발한 녹음기여서 〈마이니치클럽〉에 기사가 게재될 정도로 일반인의 관심도 높았다. 그러나 판매 가격이 16만 엔에 달하는 등 매우 고가인데다 무게가 35kg에 달해 초기 판매는 난항을 겪었다. 시청각 교육용 기자재로 사용하는 학교 수요를 발굴하고, 전국 네트워크를 확보한 후에야 무난히 판매 궤도에 오를 수 있었다.

트랜지스터라디오, 소니의 히트 상품

설립 초기의 소니를 유명하게 만든 것은 트랜지스터라디오였다. 소니는 1952년 미국 웨스턴일렉트릭으로부터 2만 5,000달러(900만 엔)에 트랜지스터 특허를 사들여 라디오 생산을 시작했다. 당시 대기업들도 판매 로열티를 지불하고 기술 지도를 받으면서 라디오를 생산했으나, 소니는 특허를 사는 방법을 선택해서 자체 기술로 소화해야 했다.

당시 소니 이사이면서 일본 반도체 산업의 기반을 만든 인물로 유명한 이와마 가즈오岩間和夫, 소니 4대 사장가 웨스턴일렉트릭 공장에서 연수를 받게 되었다. 웨스턴일렉트릭은 공장 내에서 메모나 스케

출처: 소니 홈페이지

1955년 소니 최초의 히트 상품 트랜지스터라디오

치를 금지한다. 이와마는 호텔로 돌아오면 그날 보고 느낀 내용을 5~10페이지 분량의 보고서로 작성해 매일 소니 본사로 우편 발송했다. 이를 기초로 소니는 1954년에 트랜지스터라디오를 개발한다. 이 보고서는 현재 '이와마 리포트'로 불린다.

당시 미국에서는 리젠시Regency가 라디오를 판매하고 있었는데 시장 반응은 냉담했다. 그런 와중에 소니가 작은 휴대용 라디오를 선보이자 불티나게 팔렸다. 이때 처음으로 소니라는 브랜드가 등장한다. 사운드Sound, 소닉Sonic의 어원인 소누스Sonus와 작은 또는 아가의 뜻인 수니Soony의 합성인 소니가 미국에 수출하는 트랜지스터라디오 브랜드로 세상에 선을 보이게 된 것이다.

소니 브랜드를 지킨 모리타

당시 라디오 수출 협상을 위해 미국을 방문했던 모리타는 미국 시계 업체인 부로바BULOVA로부터 10만 대의 주문을 받는다. 단, 부로바 상표로 판매하는 조건이었다. 워낙 큰 규모의 계약이다 보니 소니 브랜드는 없지만 그래도 부로바의 거래 조건을 받아들여야 한다는

부로바

1875년 보석점으로 창업한 후 시계 분야로 진출한 미국의 대표적인 손목시계회사다. 대통령 전용기 에어포스1에 부로바 시계가 걸려 있다. 2013~2016년 영국 프로축구 구단 맨체스터유나이티드의 공식 시계 스폰서 기업이다.

의견이 대부분이었다.

당시 소니는 설립한 지 10년쯤 되는 벤처기업 수준이었다. 그러니 10만 대 수출은 회사의 경영 기반을 안정시킬 수 있을 정도의 대규모 계약이다. 그러나 모리타는 소니 브랜드가 없는 거래 조건을 단호하게 거절했다. 모리타는 그때 이미 브랜드 파워를 이해하고 있었다. 이러한 노력의 결과로 2019년 컨설팅그룹 인터브랜드가 발표한 소니의 브랜드 가치는 세계 56위다. 105억 달러로 일본 전자 기업 중에서 가장 높다.

당시 산요SANYO는 부로바 상표 부착 조건을 수용했다. 그 후 소니와 산요의 브랜드 가치가 벌어지면서 양사의 브랜드 전략이 자주 비교되곤 했다.

회사명을 소니로

1958년에는 상품 브랜드였던 소니를 회사명으로 바꾸어버린다. 이때도 도쿄통신공업에 애착을 가지고 있었던 직원들이 도쿄통신공업의 약자인 'TTK'로 하거나 '소니통신공업'으로 바꿀 것을 요구했지만, 모리타는 '소니'를 밀어붙인다. 장기적으로 봤을 때 소니의 사업 영역이 통신에 국한될지 아무도 알 수 없다며 주위를 설득해나 갔다. 현재 소니의 주력 사업이 금융·게임·영화·음악 등 다양한 분야인 것을 보면 모리타의 혜안이 감탄스러울 따름이다.

워크맨의 탄생

워크맨을 빼놓고는 소니를 설명할 수 없을 것이다. 그만큼 소니를 세계적인 브랜드로 각인시켰던 제품이다. 워크맨은 이부카가 해외 출장을 떠나면서 가지고 갔던 소형 녹음기가 너무 크고 무겁다고 불평하면서 개발이 시작된 제품이다.

1979년 소니를 글로벌 브랜드로 만든 워크맨

녹음 기능이 없는 재생 전용으로 만들고, 스피커를 없애는 대신 이어폰을 채택해 크기를 대폭 줄였다.

우리가 익숙해진 환경에서 벗어나는 것을 꺼리는 것과 같이 인간은 익숙해진 제품의 영향을 많이 받는다. 그래서일까. 워크맨이 탄생할 때 주위의 반대가 적지 않았다. 녹음 기능이 없는 오디오 제품을 받아들이지 못하는 것이 문제였다. 판매점은 물론 회사 내에서도 워크맨의 제품 콘셉트에 대한 반대 목소리가 높았다. '내 목을 걸 각오'를 하고 만들겠다는 모리타의 돌파 의지가 없었다면 워크맨은 태어나지 못했을 것이다.

냉대받은 워크맨 그리고 열광

1979년 드디어 워크맨이 모습을 드러냈다. 그러나 제품 설명회에서 기자들의 반응은 싸늘했다. 소비자의 반응 역시 마찬가지였다. 한 번도 사용해보지 않았던 제품에 대한 주저함이 있었던 것일까. 소니는 어쩔 수 없이 가두 캠페인을 벌여야 했다.

'한번 사용해보지 않겠습니까?'라며 젊은이들이 직접 사용해볼 수 있는 기회를 늘려나갔다. 이런 과정을 거치면서 선풍적인 워크맨 붐이 조성되었다. 1995년까지 1억 5,000만 대가 팔려나갔으니 매년 1,000만 대 정도가 팔린 셈이다.

해외에서는 영어가 아니라며 반발하는 판매점 때문에 워크맨 브랜드를 그대로 사용하지 못하고 사운드어바웃(미국), 스토우어웨이(영국), 프리 스타일(호주) 등의 브랜드로 런칭했다. 그러나 일본에서의 인기를 바탕으로 워크맨의 인지도가 높아지면서 외국에서도 워크맨 브랜드로 통일했다. 1986년에는 《옥스퍼드사전》에 등재되기에 이르렀다. 70세가 넘는 이부카가 아이디어를 내고, 60이 가까운 모리타가 밀어붙였던 워크맨이 전 세계적으로 젊은이들이 가장 갖고 싶어 하는 제품이 된 것이다.

베타맥스와 VHS

가정용 VTR 기술에서 업계 표준을 둘러싼 베타맥스 방식과 VHS 방식의 치열한 경쟁은 지금도 자주 이야기되곤 한다. 먼저 기술을 개발한 것은 소니였다. 소니는 1975년 베타맥스 방식을 발표했는데, 1976년에 일본 빅터가 VHS 규격을 발표하면서 양 진영 간 경쟁이 시작되었다.

양 규격 간의 장단점을 비교해보자. 베타맥스 방식은 화질이 우수하고 테이프의 사이즈가 작은 반면, VHS 방식은 녹화 시간이 베타맥스 방식의 2배인 2시간에 달하고 부품 수가 적다. 부품 수가 적다는 이유로 마쓰시타가 VHS 방식을 채택했다. 그 후 각 진영은 실질적 표준의 위치를 확보하기 위해 우군을 확보하는 치열한 경쟁을 벌이게 된다.

시장이 기술을 이겼다

승패는 해외에서 결정되었다. VHS 진영은 OEM 공급을 통해 적극적으로 해외 기업을 자기 편으로 끌어들이고, 소프트웨어 비즈니스를 전개해나가면서 베타맥스에 비해 우위를 확보해나갔다. 할리우드 영화사들이 녹화 시간이 긴 VHS 방식을 지지한 것이 결정적이었다. VHS 방식은 재생 시간이 2시간에 달해 대부분의 영화를 비디오 1편에 수록할 수 있었다.

1988년 베타맥스 기술을 개발한 소니까지 VHS 생산을 발표하자 10년 이상에 걸친 표준 전쟁이 VHS의 승리로 막을 내리게 된다. VHS 방식의 승리는 마케팅과 시장이 기술을 이긴 사례다. 이를 계기로 소니는 영화나 음악 등 콘텐츠의 중요성을 더욱 실감하게 된다. 1988년에 미국 레코드 그룹인 CBS를, 1989년에는 콜롬비아영화사를 매수하는 등 콘텐츠 확보에 적극적으로 나서게 되었다.

소니 TV의 시작, 트리니트론

TV는 소니에게 의미가 특별하다. 소니가 트리니트론 컬러TV를 개발한 1968년 전까지는 미국 RCA가 TV 시장을 장악하고 있었다. 소니도 RCA의 새도 마스크를 연구하는 과정에서 우연히 트리니트론 방식을 개발하게 되었다.

1개의 전자총으로 3개의 전자빔을 발사하는 방식을 우연히 발견함으로써 전자빔의 투과율을 기존 방식보다 30% 정도 향상시킬 수 있었고 훨씬 밝은 색상을 구현할 수 있게 되었다. 트리니트론은 성부, 성자, 성령의 삼위일체를 의미하는 트리니티Trin·i·ty와 전자관이라는 일렉트론Electron의 합성어다. 소니는 트리니트론 방식을 통해 RCA 주도 시장을 변화시키면서 TV 명가의 길을 걷게 된다.

베가 성공과 디지털 변화에서의 좌절

1997년에 평면 브라운관인 '베가' 시리즈를 성공시킨 소니는 앞날이 탄탄대로처럼 보였다. 브라운관 TV는 화면이 대형화될수록 곡면이 커지면서 모서리 부분의 화면 왜곡 현상도 커진다. 이러한 한계를 평면 브라운관으로 극복한 것이다. TV 역사에 기록될 만한 엄청난 쾌거였다.

출처: 소니 홈페이지

평면 브라운관 TV 베가 시리즈(32인치형)

　그러나 시장이 디지털 시대로 빠르게 전환되면서 소니의 문제점이 드러난다. 혁신 제품으로 평가받았던 평면 브라운관 TV 매출이 호조를 보이자 브라운관 및 유리 공장에 대형 투자를 하고 있었다. 소니는 디스플레이 시장이 LCD, PDP를 거치지 않고 브라운관에서 바로

OLED로 이동하리라 내다보고 있었다. 소니의 예측과 달리 2002년 경부터 LCD, PDP 등 디지털 디스플레이 시장은 폭발적으로 확대되어버린다.

TV 명가의 굴욕

시장의 흐름이 갑자기 바뀌자 소니는 적절한 대응 수단을 찾지 못했다. 부품 생산 기업들이 삼성, LG, 샤프, 파나소닉 등과 협력 관계를 구축해놓은 상태라서 뒤늦게 뛰어든 소니는 디지털 TV 부품을 확보할 수 없었다. TV 명가로서 고품질의 패널이 필요한 소니는 2003년에 삼성과 합작으로 S-LCD를 설립하고서야 TV용 패널을 안정적으로 확보할 수 있었다. 그러나 한 번 허약해진 체질은 쉽게 회복되지 않았다. 소니는 TV 사업에서 10년간(2004~2013) 적자를 기록하고서야 흑자로 돌아올 수 있었지만, TV 시장은 이미 삼성과 LG를 중심으로 재편되고 난 후였다.

소니와 애플의 차이

1990년대 후반부터 MP3 플레이어가 나오는 등 디지털화의 흐름은 음원 시장에도 불었다. 그러나 음악 시장의 변화도 소니에게 우호적이지 않았다. 소니는 자신의 성공 경험에 발목이 잡혀 있었다. CD 에서 큰 성공을 거두었던 소니는 MD Mini Disc가 주류가 될 것으로 예측했다. MP3 플레이어를 대체 상품 정도로 보는 경향이 강했다. 그래서인지 애플이 아이팟을 개발하기 2년 전인 1999년에 소니의 두 사업부는 '메모리 스틱 워크맨'과 'VAIO 뮤직클럽'을 각각 선보였다. 어정쩡한 제품에 대한 시장 반응은 그리 호의적이지 않았다.

소니는 음원 사업을 하고 있는 소니뮤직의 저작권 보호를 의식한 나머지 혁신적인 서비스가 어려웠다. 결국 훌륭한 음악 콘텐츠가 자산으로 기능하지 못하는 결과를 낳았다. 반면 음원 기업을 가지고 있지 않았던 애플은 훨씬 자유스럽고 혁신적일 수 있었다. 아이튠즈의 다운로드와 아이팟의 재생 기능을 연결해 음악 생태계를 지배해버린다.

리먼 쇼크와 히라이 사장의 등장

디지털화의 흐름과 함께 엔화 강세, 리먼 쇼크에 따른 세계 불황이 겹치면서 소니는 2008년부터 4년 연속 적자를 기록한다. 적자 폭도 매년 커져 급기야 2011년에는 4,500억 엔을 넘어섰다. 그야말로 위기가 몰려오고 있었다. 시장에서는 소니에 대한 각종 루머들이 나돌면서 우려를 증폭시켰다.

위기 상황에서 2012년 히라이 가즈오平井一夫 사장이 등장해 소니의 구조 조정을 추진한다. 히라이 사장은 '소니를 바꾼다, 소니는 바뀐다'를 테마로 중기 경영 계획을 발표하면서 1만 명 인원 조정, 본사 빌딩 매각 등 본격적인 구조 조정을 한다. 바이오VAIO로 유명했던 컴퓨터 사업부터 매각한다. TV 사업을 분사화하는 등 사업 단위별로 책임 소재를 명확히 하고, 신속한 의사 결정이 가능하도록 전 사업의 분사화를 추진했다. 이를 통해 TV 사업은 2014년에야 10년간 적자를 탈피하고 흑자를 기록한다.

그러면서도 스마트폰, 게임, 이미지 센서를 중기 경영 계획의 3대

핵심 사업으로 정한다. 이들의 사업 기반을 확충하기 위해 미국 클라우드 컴퓨팅 게임 업체인 가이카이GAIKAI를 매수하고, 올림푸스와 자본 제휴를 강화하는 등 공격 경영의 초석을 다진다.

이미지 센서와 소니의 부활

이때부터 소니는 이미지 센서에 집중적인 투자를 했다. 이미지 센서는 렌즈를 통해 들어온 빛을 디지털 신호로 변환해 이미지로 보여주는 반도체다. 스마트폰 같은 디지털 기기로 사진을 촬영할 때 반드시 필요한 부품이다. 이미지 센서는 전하결합소자CCD 방식과 상보성 금속 산화막 반도체CMOS 방식이 있다. 초기에는 CCD 방식이 주로 사용되다가 화상 노이즈 제거 기술이 발달하면서 지금은 휴대전화 기기에 적합한 CMOS 방식이 대부분을 차지하고 있다.

소니는 이미지 센서 시장에서 2009년 세계 6위에 불과했으나 2018년에는 시장 점유율 50.1%의 압도적 1위를 달성한다. 이미지 센서는 단번에 소니의 부활을 이끄는 효자 품목으로 떠올랐다. 여기에 만족하지 않고 앞으로 3년간 6,000억 엔을 투자해 2025년 점유율 60%를 달성하겠다며 자신감을 불태우고 있다.

소니의 부활이 가능했던 이유

무엇이 소니의 부활을 가능하게 했을까. 먼저 소니의 기술력을 꼽을 수 있다. 소니는 2008년 세계 최초로 이면 조사식 센서BIS형 CMOS 이미지 센서를 개발했다. CMOS 이미지 센서는 촬영한 화상에 노이즈가 발생하기 쉬운데 이러한 현상은 어두운 곳에서 두드

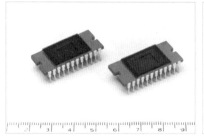

출처: 소니 홈페이지

CCD 방식(1980)과 BIS형(2008)

러진다. 소니는 빛의 신호를 읽어 들이는 배선을 뒷면에 배치함으로
써 빛의 효율을 높이는 방식으로 노이즈 문제를 해결했다. 2012년
세계 최초로 적층형 CMOS 이미지 센서 개발에 성공함으로써 경쟁
기업과 해상도 차이를 벌리기 시작했다.

CCD 기술에서 출발한 이미지 센서

소니는 1973년부터 시작했던 CCD에 대한 기술이 축적되어 있었기
에 세계 최초로 BIS형 CMOS 이미지 센서와 적층형 센서를 개발할
수 있었다. CCD는 미국 벨연구소의 윌러드 보일Willard Boyle과 조지 스
미스George Elwood Smith가 1970년 4월 CCD 발명을 발표하면서 세상에
알려졌다. 두 사람은 39년이 지난 2009년 노벨 물리학상을 받았다.

  당시 소니의 부사장 이와마 가즈오가 '전자의 눈'으로서의 CCD
가능성을 알아보고 CCD를 이용한 비디오카메라 개발을 지시하면
서 연구가 시작되었다. 그러나 1973년 말부터 요코하마 중앙연구소
가 주축이 된 CCD 연구는 난관에 부딪히고 만다.

미세 먼지와의 전쟁

1978년에 소니는 12만 화소 CCD 개발에 성공하지만 그때까지도 불량률 문제를 해결하지 못하고 있었다. 가장 큰 문제는 미세 먼지와의 전쟁이었다. 누적 연구 개발비 200억 엔을 투자하고도 양산 체제를 갖추지 못했으니 사내에서조차 '물먹는 하마'라는 비난이 쏟아졌다. CCD 개발 후 7년이 지난 1985년이 되어서야 카메라 일체형 8mm 비디오카메라 'CCD-V8'을 시장에 선보일 수 있었다.

소니는 난관을 거치면서도 CCD 이미지 센서 개발에 성공했다. 그때부터 축적된 아날로그 신호 전달 기술을 고속으로 정보를 처리하는 반도체 기술과 접목시키면서 CMOS 이미지 센서 시장에서 절대적 경쟁력을 자랑하고 있다.

시장을 선점하다

또 다른 성공 요인은 시장 형성 초기 단계에 한 과감한 투자를 들 수 있다. 미래 먹거리를 찾아야 하는 절박한 상황에서 나온 과감한 의사 결정이다. BIS형 센서를 개발하면서 자신감을 얻은 소니는 CMOS 이미지 센서 시장이 본격적으로 성장하기 시작한 2010년에 도시바의 나가사키 공장을 인수하고 구마모토 공장에 대대적인 투자를 단행했다. 그 후에도 투자 자금을 마련하기 위해 전환 사채까지 발행하면서 생산 능력을 확충했다. 2019년에는 나가사키 공장 증설을 발표했다. 12년 만에 처음으로 공장을 증설한 것이다.

여기서 소니가 시사하는 교훈을 정리해보자. 소니는 디지털 시대라는 새로운 패러다임으로의 변화에 대응하지 못하면서 세계적인 기업 소니가 위험해질 수 있는 상황에 직면하게 되었다. 시대 변화에 대한 대응 실패의 이면에는 과거의 성공이라는 유산이 자리 잡고 있다. 디지털 TV 실패의 이면에는 평면 브라운관 TV라는 성공 신화가 있었고, 디지털 음원 시장 실패에는 워크맨, CD로 이어지는 음악 산업에서의 성공 스토리가 있었다. 호황기에 다음 세대를 대비해야 한다고 하지만 말처럼 쉽지 않다.

소니의 영광, 좌절 그리고 부활

소니만큼 영광과 좌절과 부활을 완벽하게 보여주는 기업도 많지 않다. 기업의 부활은 특히 어렵다. 그러나 소니는 5G, 자율 주행, 가상 현실, 의료, 드론 등 다양한 분야의 수요를 바탕으로 미래 성장 산업으로 각광받고 있는 이미지 센서를 중심으로 부활의 스토리를 만들어가고 있다. '소니의 영광을 가능하게 했던 벤처 정신 → 성공 경험이 오히려 혁신을 방해하는 과정 → 부활을 가능하게 했던 저력' 등 소니가 겪어온 일련의 과정은 우리 부품소재 기업의 글로벌 전략에 큰 시사점을 던져준다.

삼성과 소니, 협력과 경쟁

원천 기술 확보, 40년 이상의 축적된 기술, 시장 지배력 등 기술과 시장을 동시에 장악하고 있는 소니의 독주를 예상한다면 미래 시대의 기술 변화를 무시한 성급한 결론일까? 소니에 이어 20% 시장 점유율로 2위를 달리는 삼성전자는 해상도에서 소니보다 앞선 제품을 속속 개발하고 있다. 2002년 이미지 센서 양산에 성공한 삼성전자는 이 분야에서는 후발 주자에 속한다. 그러나 2019년 5월에는 6,400만 화소, 8월에는 1억 800만 화소의 이미지 센서 개발에 성공함으로써 해상도에서 세계 최고 수준으로 올라섰다. 2030년 세계 1위를 달성하겠다고 대외적으로 천명하고 있다. 이미지 센서의 성능을 해상도만으로 평가할 수는 없지만 해상도는 중요한 요소다. 이미지 센서 선두 그룹, 특히 소니와 삼성의 경쟁이 기대되는 대목이다.

참고문헌

강항.《간양록》. 이을호 옮김. 서해문집. 2005.

고토 히데키.《천재와 괴짜들의 일본 과학사》. 허태성 옮김. 부키. 2016.

김범성.《어떻게 일본 과학은 노벨상을 탔는가》. 살림. 2018.

김성호.《일본전산 이야기》. 쌤앤파커스. 2009.

김효진 등 6인.《난감한 이웃 일본을 이해하는 여섯 가지 시선》. 김경인 옮김. 위즈덤하우스. 2018.

니시무라 가츠미.《도요타처럼 경영하라》. 열매출판사. 2006.

스에마쓰 지히로.《교토식 경영》. 우경봉 옮김. 아라크네. 2008.

신상목.《학교에서 가르쳐주지 않는 일본사》. 뿌리와이파리. 2017.

역사교과서연구회.《한일교류의 역사》. 혜안. 2007.

이창렬.《겉보다 속이 더 두려운 일본의 산업 경쟁력》. 새로운사람들. 2018.

장세진.《삼성과 소니》. 살림Biz. 2008.

정일구.《도요타 초일류경영》. 시대의창. 2006.

최원석.《왜 다시 도요타인가》. 더퀘스트. 2016.

KBS 국권침탈 100년 특별역사다큐 제작팀.《한국과 일본, 2000년의 숙명》. 가디언. 2019.

綱淵昭三.《東レ前田勝之助の原点》. 実業之日本社. 2006.

堀場厚.《京都の企業はなぜ独創的で業績がいいのか》. 講談社. 2011.

宮田親平.《科学者の楽園をつくった男 》. 河出文庫. 2014.

金児昭.《信越化学工業中興の祖小田切新太郎社長の器》. イーストプレス. 2013.

難波正憲 等 3人.《グローバルニッチトップ企業の経営戦略》. 東信党. 2013.

德丸壮也.《凸版印刷eの進化論》. 出版文化社. 2001.

読売新聞編集局.《ノーベル賞と10人の日本人》. 中公新書クラレ. 2001.

東レ経営研究所.《実論経営トップのリーダーシップ》. メトロポリタンプレス. 2011.

藤本降宏.《日本のもの作り哲学》. 日本経済新聞出版社. 2004.

藤本武士 等 2人.《グローバルニッチトップ企業の事業戦略》. 文理閣. 2015.

鳴海風.《ひらけ蘭学のとびら》.岩崎新書. 2017.

名和高司.《100社の成功法則》.PHP. 2014.

宝島社.《'別冊宝島2083号'ノベル賞と日本人》.宝島社. 2013.

寺田一清.《石田梅岩に学ぶ》.致知出版者. 1998.

山根一眞.《理化学研究所》.講談社. 2017.

森田健士.《なぜ名経営者は石田梅岩に学ぶのか》.Discover21. 2015.

細谷裕二.《グローバルニッチトップ企業論》.白桃書房. 2014.

柴田友厚.《ファナックとインテルの戦略》.光文社新書. 2019.

新原浩朗.《日本の優秀企業研究》.日経ビジネス人文庫. 2006.

野中郁次郎.《日本の持続的成長企業》.東洋經濟新報社. 2015.

野地秩嘉.《トヨタ物語》.日経BP. 2018.

原田節雄.《ソニー失われた20年》.さくら舎. 2012.

伊丹敬之.《教科書を越えた技術経営》.日本経済新聞出版社. 2015.

伊勢雅臣.《世界が称賛する日本の経営》.育鵬社. 2017.

印刷業界研究会.《印刷業界大研究》.産学社. 2014.

日本経済新聞.《'日経mook' 100年企業強さの秘密》.日本経済新聞出版社. 2019.

日本産業新聞.《SONY 平井改革の1500日》.日本経済新聞出版社. 2016.

長崎文献社.《出島ヒストリア 鎖国の窓を開く》.長崎文献社. 2013.

田中真澄.《百年以上続いている会社はどこが違うのか》.致知出版者. 2015.

田中彰.《明治維新と西洋文化》.岩崎新書. 2003.

田村朋博.《電子部品だけがなぜ強い》.日本経済新聞出版社. 2011.

田村賢司.《世界一への方程式》.日経BP. 2013.

井上正広 等 3人.《東レ》.出版文化社. 2016.

泉谷渉.《100年企業'だけど最先端'しかも世界一》.亜紀書房. 2007.

泉谷渉.《ニッポンの素材力》.東洋経済新報社. 2009.

泉三朗.《岩倉使節団誇り高き男たちの物語》.祥伝社. 2012.

浅田厚志.《成功長寿企業への道》.出版文化社. 2013.

清武英利.《切り捨てSONY》.講談社. 2015.

村田朋博.《電子部品営業利益率20%のビジネスモデル》.日本経済新聞出版社. 2016.

片桐一男.《出島》.集英社新書. 2000.

豊田有恒.《世界史の中の石見銀山》.祥伝社新書. 2010.

작지만 큰 기술,
일본 소부장의 비밀

초판 1쇄 2020년 8월 3일

지은이 정혁
펴낸이 서정희
책임편집 정혜재
마케팅 신영병 이진희 김예인

펴낸곳 매경출판㈜
등 록 2003년 4월 24일(No. 2-3759)
주 소 (04557) 서울시 중구 충무로 2 (필동1가) 매일경제 별관 2층 매경출판㈜
홈페이지 www.mkbook.co.kr
전 화 02)2000-2632(기획편집) 02)2000-2636(마케팅) 02)2000-2606(구입 문의)
팩 스 02)2000-2609 **이메일** publish@mk.co.kr
인쇄·제본 ㈜M-print 031)8071-0961
ISBN 979-11-6484-155-4 (03320)

이 도서의 국립중앙도서관 출판예정도서목록(CIP)은 서지정보유통지원시스템 홈페이지(http://seoji.
nl.go.kr)와 국가자료공동목록시스템(http://www.nl.go.kr/kolisnet)에서 이용하실 수 있습니다.
(CIP제어번호: 2020027742)